国家安全译丛
NATIONAL SECURITY
第二辑

美国政府保密史

制 度 的 诞 生 与 进 化

CLASSIFIED

A History of Secrecy in the United States Government

[美] 戴维·弗罗斯特 著
David B. Frost
雷建锋 译

金城出版社
GOLD WALL PRESS

图书在版编目（CIP）数据

美国政府保密史：制度的诞生与进化 /（美）戴维 · 弗罗斯特 (David B. Frost) 著；雷建锋译．—北京：金城出版社，2019.2
（国家安全译丛 / 朱策英主编．第二辑）
书名原文：Classified: A History of Secrecy in the United States Government
ISBN 978-7-5155-1771-1

Ⅰ.①美… Ⅱ.①戴… ②雷… Ⅲ.①国家行政机关－保密－工作－历史－美国 Ⅳ.① D771.235

中国版本图书馆 CIP 数据核字（2018）第 275163 号

美国政府保密史：制度的诞生与进化
MEIGUO ZHENGFU BAOMISHI ZHIDU DE DANSHENG YU JINHUA

作　　者	[美] 戴维 · 弗罗斯特
译　　者	雷建锋
策划编辑	朱策英
责任编辑	郝俊伟
文字编辑	尹　楠
开　　本	710 毫米 ×1000 毫米 1/16
印　　张	13
字　　数	200 千字
版　　次	2019 年 2 月第 1 版
印　　次	2019 年 2 月第 1 次印刷
印　　刷	三河市百盛印装有限公司
书　　号	ISBN 978-7-5155-1771-1
定　　价	60.00 元

出版发行	**金城出版社** 北京市朝阳区利泽东二路 3 号　邮编：100102
发 行 部	(010)84254364
编 辑 部	(010)64271423
投稿邮箱	gwpbooks@yahoo.com
总 编 室	(010)64228516
网　　址	http://www.jccb.com.cn
电子邮箱	jinchengchuban@163.com
法律顾问	北京市安理律师事务所　（电话）18911105819

序　言

保密，历来被看作需要隐藏罪迹者之所为。托马斯·杰斐逊（Thomas Jefferson）曾告诫他的小外孙说："每次你不禁要秘密行事时，问问自己，这件事你会在大庭广众下做吗？如果不会，那它肯定错了。"这则告诫的智慧固然世所公认，但保密这一做法却并非总是错的——不论就私人生活还是政府运作而言。保密有其存在的道理，它常常是必要的。

1787年夏，当美国宪法的缔造者们云集费城时，他们的商议就笼罩在保密的帷幕下。通向宾夕法尼亚州议会的门全被紧锁，哨兵在会场内外持械护卫，会议主席乔治·华盛顿（George Washington）让55名代表逐一宣誓保守秘密。在国家新宪章的塑造过程中，美国人民未能充当任何角色，他们甚至不知道这些代表们所考虑的其他方案。然而，如果商议过程公开，宪法能否最终获得通过，便很难说了。的确，美国宪法指导原则的缔造者詹姆斯·麦迪逊（James Madison），毫不怀疑对制宪会议进行保密的必要性，"以便会议和民众免于听受上千种错误且可能有害的报道"。

本书与秘密本身无关。它讲述的是，在美国政府240多年的治理中，保密制度所扮演的角色。这段历史，是以1774年的第一次大陆会议为开端，到总统获得向国会和人民隐瞒信息的行政特权，再到二战时期的曼哈顿计划，直至当今，为保护国家安全和其他敏感信息，而形成的高度复杂、争议不断的涉密信息处理程序。本书描写了政务公开的理念和保密制度的现实需要间存在的冲突，展现了美国历史上在这两方面分别作出的政治妥协。

目录

第1章

保密工作与大陆会议

议事时各门须保持紧闭，各成员须自认为负有最高之荣誉义务，保守会议秘密，直至多数人要求使之公开。

——帕特里克·亨利（Patrick Henry），1774年9月6日

1774年9月5日，北美13个殖民地中，来自12个殖民地的共计45名代表，齐聚于费城木匠厅。[1][2] 北卡罗来纳的3名代表要稍后到场，其他已有代表在场的殖民地中，另有8名代表也将晚些抵达。唯有佐治亚因西部边界印第安人的一系列起义，当时正在游说英国以争取支持，因此未派人参加第一次大陆会议（First Continental Congress）。

最早提出召开“美利坚各州联合会议”的，是塞缪尔·亚当斯（Samuel Adams）。1773年9月27日，在《波士顿公报》（*Boston Gazette*）上，他发表了一封以《评论》（“Observation”）为题的公开信，公开发出这一呼吁。次年5月23日，纽约城的“51人委员会”（由一伙亲英但反对其残暴贸易法令的商人组成），响应马萨诸塞这一呼吁，并号

[1] 大会本来安排于1774年9月1日（周四）召开，但当时到场代表太少，因而推迟至次周周一（9月5日）开幕。

[2] 除特别注明译注或编注外，本书其他注释均源自英文版原注。——编注

召：“基于以上原因，我们认为，当务之急是召开一次全体殖民地代表参加的大会，而且应尽快召集。”[1] 支持会议的声音很快传遍了各殖民地。不到 3 个月，会议便得以举行。

第一次大陆会议旨在对 1774 年英国通过的《强制法案》（Coercive Acts），进行统一的回应。当年早些时候，英国国会之所以颁布这一系列惩罚性法令，是因为在英国政治层看来，美国殖民地对大英帝国统治的反抗正不断滋长，让人无法容忍。对英国人而言，事态的转折点出现于上一年的 12 月。马萨诸塞“自由之子”（Sons of Liberty）的一群爱国者被《茶税法》（Tea Act）激怒，于是草草扮成莫霍克印第安人（Mohawk Indians），登上 3 艘英国商船，随即将东印度公司的 300 多箱茶叶倾入波士顿港。

虽然此后 7 周内，会议的讨论几乎都将笼罩于秘密帷幕之下，但各殖民地无意隐瞒召开会议的决定，也不曾试图掩盖 56 名参会代表的身份。有些代表是由人民直接选出的，有些由其殖民地的立法大会（legislative assembly）选举，另一些则是受当地通信委员会（committee of correspondence）的指派。大多数殖民地都设有通信委员会，其目的是通报那些被认为有失公允的英国政令。人们不仅在委员会之间传播这些信息，也把它们散播到居民众多的乡村地区。不论选举方法如何，大多数代表都是在公众和英国官员的视线下公开选出的。尽管马萨诸塞的代表是由立法大会闭门选举产生，但大会的目的并非什么秘密；确实，英国总督托马斯·盖奇（Thomas Gage）的秘书还站在议事厅门外，咚咚拍门，高声宣布大会已被官方叫停了呢。代表们去往费城的路线也未作特别的保密。8 月 10 日，当约翰·亚当斯（John Adams）与马萨诸塞的其他代表从布伦

[1] New York Committee of Fifty-One to Boston Committee of Correspondence, May 23, 1774, The Avalon Project, Goldman Law Library, Yale University Law School. 纽约城此前任命“由 51 人组成的”委员会，负责“就此事及其他一切重大公共事件与我各姊妹殖民地彼此通信”。

特里（Braintree）启程，开始他们去往费城的 3 天行程时，有 50 多名支持者为他们热烈送别，这些全都公然发生在英军的注视之下。欢呼雀跃的男女老少将门口团团围住。代表们向费城的行进，即使称不上敲锣打鼓的挑衅，也是充满着庆祝气氛。“当（马萨诸塞的）代表们经过康涅狄格（Connecticut）时，”约翰·亚当斯在日记中写道，“每个城镇都奏响钟声、高放礼炮。”[1]

尽管之前的事件大多向公众公开，但会议一经召开，透明度就会发生明显转变。代表们商议的内容几乎不向公众透露。通往木匠厅的门会被关上，代表们将宣誓严守秘密，而商议内容的官方日志也将受到严密修订。日后，一旦与英国的战争无法避免，一切与战争相关的事务都将被记录在单独的秘密日志中。

代表们的保密誓言

9 月 4 日周日晚上，在距木匠厅两个街区之遥的费城酒馆（或称史密斯酒馆），第一次大陆会议的代表们举行了非正式会谈。他们同意把通过议事规则列为第二天的首项议程，认为在会议期间和选举会议主席时须遵守这些规则。然而第二天，大部分时间都花在了代表的正式入座上。每位代表的委任书都需要被展示和宣读，然后批准通过，余下的时间便只够选举主席和大会秘书了。来自弗吉尼亚的培顿·伦道夫（Peyton Randolph）被选为主席（一个尊贵的但大体上礼节性的职位），宾夕法尼亚的查尔斯·汤姆森（Charles Thomson）作为非代表被选为大会秘书。

---

[1] John Adams, Diary, August 16, 1774, *Founders Online*, National Archives, www.founders.archives.gov/documents/Adams [Original source], L.H. Butterfield, ed., *The Papers, Diary, and Autobiography of John Adams*, vol.2, 1771–1781 (Harvard University Press, 1961, pp. 99–100).

再过了一天，即9月6日周二，代表们将注意力转到议事规则上。最早采纳的规则之一，便是弗吉尼亚的帕特里克·亨利所提出的“议事时各门须保持紧闭，各成员须自认为负有最高之荣誉义务，保守会议秘密，直至多数人要求使之公开”[1]。虽然从专业角度来说，第一次大陆会议称不上是一个“政府”，但采纳亨利的提议，仍然标志着美国政治领袖们第一次集体在保密状态下处理人民事务。

表面上看，代表们的保密誓言与人民主权（popular sovereignty）和法治原则互不相容——而这两项原则却为他们广泛拥护，在日后建立的新国家的宪法中，也将处于核心地位。尽管代表们在哲学层面承认这两项原则，但他们的秘密决议却与之相悖。公众将无法准确评估代表们在密室中的所作所为（这对人民主权的理念至关重要），也无法判断代表们所遵循的决策程序是否公平合规（这是法治的必要条件）。尽管在保密状态下处理人民事务并非全无先例，但代表们的这一决定，却不符合公众日益增长的对政府扩大公开度的兴趣。

在1774年的美国，许多政治领袖仍将政府治理看作一门深奥的学问，认为最好把它托付给精通此道之人。但即便如此，这种想法已不像以前那样主宰着政治思想领域了。几百年来，基于历史上所谓王无谬行的理论，政府的秘密运作曾受到认可；但此时，它开始让位于提高政府公开度的设想。这种设想的根源，是人民主权理念及其必然结果：关于政府活动的信息发布应成为常态，而非例外。公众与政府的关系正在经历深刻变革。人们不再是臣民，而是变为公民。正因为新建立起来的这种公民地位，人民成为合法政权的主要（若非唯一）来源。于是，政府更多地被视为人民的公仆，而非主人。人民主权运动对合法政府及其权力的限制愈发增多。该运动的一个结果，便是令人们相信：凡主张在政府事务中运用保密制度的人，应预备好一番合理说辞，解释为何向人民

[1] *Journals of the American Congress From 1774 to 1788*, vol. 1 (Sept. 5, 1774, to Dec. 31, 1776), p. 55.

隐瞒重要信息。

英国议会的议事内容向来对民众保密。议会的投票和演说均属秘密，任何违反保密规则的议员都有可能被传唤。确实如此，1641 年 2 月初，英国下议院甚至驱逐了一名议员——爱德华 · 迪林（Edward Dering）爵士——并将其送入伦敦塔关了一段时间，原因是他发表了三篇自己的议会讲话。迟至 1747 年，《绅士杂志》的编辑爱德华 · 凯夫（Edward Cave），还因报道上议院会议内容而被逮捕，并被押解到上议院受审。他被处以罚款，又被要求跪在上议院的律师面前请求宽恕。他保证不再印发议会的辩论记录，然而五年后又重操旧业。英国议会对于保密制度的坚持，一直延续到乔治三世治下的 1771 年，此时下议院终于解除了媒体报道会议内容的禁令。

美利坚各殖民地大体沿袭了英国这套办法，有时甚至青出于蓝。不必说，由于殖民地参议院（senate）和参事会（council）的成员通常由殖民地总督（colonial governor）任命，而总督又听命于英王，公众当然还是被排斥于会场之外。在功能上，这些参事会大体相当于英国的上议院，对通常由殖民地立法大会创议的新法律进行批准，并常常认为王室的各项指示是在控制他们的行动。但即便如此，依旧有越来越多的美利坚人期望，政府能在阳光下运行。

大陆会议的许多代表曾担任过所在地立法大会代表，因此他们也是被人民选出的。由于这些立法大会总体上旨在实现民意，因此对大多事务倾向于公开处理，而非像亨利所提出的那样秘密进行。立法大会通常会公布其会议日志，有时甚至允许公众到场聆听。例如在马萨诸塞，自 1685 年起，殖民地立法机关便开始将会议内容公之于众。马萨诸塞的地方议会还是北美最早向公众敞开大门的立法机关；1766 年，它向公众让步，满足他们了解更多会议辩论的要求。美国独立战争（American Revolutionary War）期间，各地通过的宪法中，有两部——分属纽约和宾夕法尼亚——明确要求立法机关理应开门议事。1777 年《纽约宪法》规定："参事会和立法大会的大门须时刻向所有人敞开，除非本州利益要求辩论保密。”[1]1776 年《宾夕法尼亚宪法》也作了类似的规定："下院的门须向一切行为得体的人士保持敞开，除非本州利益要求其关闭。”[2] 两部宪法也都要求其立法机关定期发布官方的会议日志。

尽管扩大政府的公开度已成潮流，但木匠厅的大门仍对公众紧闭，而且直至大陆会议结束都将如此。虽然会议日志中没有任何线索，说明代表们为何采取关门的策略——日志中只记载称，亨利的秘密决议得到一致通过——但一些代表的信函和日记却表明，这一决定主要出于两点考虑：其一，大会需尽快采取行动；其二，可能更为重要的是，代表们需要维持美利坚团结一致的表象。

代表们面前摆着成堆的工作，种种事件又以迅雷不及掩耳之势纷至沓来。据约翰 · 亚当斯说，这些事件全都充斥着“困难和危急”。因此，怀着紧迫感处理这些事务，无疑是合理的。若将代表们每日审议的内容全摆到公众眼前，势必会拖慢进程；更无须说让公众参与审议将会如何了。特拉华的代表西泽 · 罗德尼（Caesar Rodney），在写给其弟的一封信中，表达了自己的担忧。他解释道，在会议批准公布内容前，有必要对公众保密，“以避免门外发生不必要的争执”[3]。尽管广泛的公众参与或将有益于会议，但代表们仍然把决策效率摆到了优先位置。

代表们同样明白，如果希望在英国面前，各殖民地坚定团结地一致要求英国改变政策，那就必须对会议内容保密。确实，在对付北美殖民地时，大英帝国具有的一大优势，便是其内部各机构表面上——而非实质上——的团结。1773 年，马萨诸塞众议院议长小托马斯 · 库欣（Thomas Cushing, Jr.），在致弗吉尼亚众议院议长培顿 · 伦道夫的信中，强调对英国

[1] Constitution of New York, art. XV (Apr. 20, 1777).

[2] Constitution of Pennsylvania, Sect. 13 (Sept. 28, 1776).

[3] Caesar Rodney to Thomas Rodney, September 12, 1774, Edmund Cody Burnett, ed. *Letters of Members of the Continental Congress*, vol. 1 (Washington, D.C., Carnegie Institution, 1921) pp. 29–30.

展现殖民地统一战线的重要性："那些希望奴役我们的人，在他们的议会和行动中，就像兄弟般团结。他们正是胜在这一点上。这难道不值得效仿吗？这方面值得我们向敌人学习。"[1]

库欣不免夸大了英国人事实上的团结程度。英国议会中，对美洲殖民地怀有同情的议员不在少数。第一代查塔姆伯爵（1st Earl of Chatham）威廉·皮特（William Pitt）是一位广受尊敬的政治家，曾两度执掌英国内阁。他在退休后仍站出来警告上议院："有朝一日，我们将被迫取消这些暴力的压迫手段。"伯爵因此建议，英国更明智的选择是"在能后退时后退，而不要等到必须后退之时"[2]。埃德蒙·伯克（Edmund Burke）——当时政治思想界的翘楚之一——则敦促下议院给予美洲殖民地更多的自治权限。伯克解释说，英国所面临的状况，同样发生于"一切拥有辽阔帝国的民族……庞大的躯体内，肢体末梢的能量循环势必相对衰弱，这是自然现象……苏丹[3]权力滔天，但也只能松散地维系其统治。对广袤而四境远隔的帝国而言，这是不可更易的状况，是永恒规律"[4]。

不论英国方面团结程度如何，美利坚几乎不可避免地要产生严重罅隙。在北方商贸中心和南方农业中心，经济与政治的主流观点大相径庭。沿东海岸定居的殖民地居民，与在西部边界丌创新生活者，也各有不同的愿景。在许多方面，美洲各殖民地之间的关系，尚不如它们各自与英国的关系来得紧密。的确，在个人层面上，大多数代表彼此从未谋面。据说，当听人说起乔治·华盛顿上校在弗吉尼亚议会的讲话时，约翰·亚当斯曾

---

[1] Thomas Cushing to Peyton Randolph, June 2, 1773, William Pitt Palmer et al. eds. *Calendar of Virginia State Papers and Other Manuscripts*, vol. 8 (Richmond, 1890), p. 19.

[2] William Pitt (Jan. 29, 1775), *Celebrated Speeches of CHATAM, BURKE, AND ERSKINE*, Selected by Philadelphia Bar Association (E. C. & J. Biddle, Philadelphia, 1845) p. 32.

[3] 苏丹是伊斯兰国家统治者的称号。——编注

[4] Issac Kramnik, ed. *The Portable Edmund Burke*, "Speech on Conciliation with the Colonies" (March 25, 1775) (Penguin, New York, 1999).

问道："华盛顿上校是谁？他说了什么？"[1]许多代表从未迈出过所在殖民地的边界。约翰·亚当斯本人就从未离开新英格兰。即便是宗教信仰，有时也能造成代表之间的分裂。有一次，关于应请哪一派的牧师前来主持早祷的问题，便引发了一场争执。第一次大陆会议召开之时，代表间成功建立信任与合作的历史基础，可谓相当有限。

有一点自然是确凿的，即这些殖民地均在某些时候受到过英国的严酷统治，至少在这一方面同病相怜。英国历史学家约翰·阿道夫（John Adolphus）后来写道："同样的委屈，尽管并非人人身受，却为人人所指；同样的解脱之道，尽管显无事先交流，却出自异口同声——所不同的仅在于暴力的程度，而这要取决于人民的智慧或他们所拥戴的领袖们的性情。"[2]殖民地是否准备以武力实现其目标？这是代表们被召集而来所要回答的最终问题。

尽管各殖民地对英国的殖民政策多有怨言，但第一次大陆会议并非一场旨在迈向战争的会议。为达成殖民地的目标，是否必须与英国决裂？代表们对此远未取得共识。虽然代表们得到的指示是，寻找解除殖民地压迫的方法，但他们从未受命寻求完全独立。事实上，就像新罕布什尔（New Hampshire）的代表一样，大多数代表之所以被派来费城，是为"在母国与其殖民地之间，恢复令人愉悦的和平、和谐与互信"[3]。尽管在具体方法的选择上，代表们被授有极高的自由决断之权，但在他们的指派者看来，这些方法应是"合法且审慎的"[4]。

---

[1] A.J. Langguth, *Patriots* (Simon & Schuster, New York, 1988), p. 208. 如何应对波士顿人与英国人可能发生的武装冲突？弗吉尼亚人对此有过争论。据称，华盛顿说的是："我会起兵一千，自筹军饷，亲自引兵率卒前赴波士顿救难。"

[2] John Adolphus, *The History of England from the Accession to the Decease of King George the Third*, vol. II (A. E. Mallett, London, 1841), p. 118.

[3] W.C. Ford, ed., *Journals of the Continental Congress 1774–1789* vol. I (Washington, D.C., GPO, 1904), p. 15.

[4] W.C. Ford, ed., *Journals of the Continental Congress 1774–1789* vol. I (Washington, D.C., GPO, 1904), p. 15 (*e.g.* instructions to Delaware delegates).

代表们得到的指令纵然有许多条条框框，但他们的个人观点却是五花八门。塞缪尔·亚当斯是最早也最热忱拥护殖民地独立的人士之一，他确信唯有与英国一刀两断，方能使殖民地走向自由。当英国的盖奇将军敦促他与国王讲和时，亚当斯回答道："我早已在众王之王处求得内心平和。任何个人考虑，都不能诱使我背弃祖国的正义事业。"[1] 宾夕法尼亚的效忠派代表约瑟夫·盖洛威（Joseph Galloway），则提倡更为中和的路线，主张殖民地留在大英帝国。尽管被一些人指为"半个爱国者"，但盖洛威向其他代表保证，自己与他们一样都与自由为友；只不过，"凝聚两国的最佳方案"不在于分家，而在于授予"美利坚人与英国臣民同等的权利与特权"。[2] 纽约代表菲利普·利文斯顿（Philip Livingston）的立场则在另一极端，他讽刺说整个美利坚独立的概念都是"徒劳、空洞、浅薄、可笑的"，并警告说，如果"英国放由我们随波逐流，我们自己便会立刻打起来"。[3]

代表们之间和他们所代表的殖民地之间，在经济、政治和哲学上，存在着诸多差异；有鉴于此，将那些势必产生的分歧限制于木匠厅的高墙之内，不失为审慎之举。英国历史学家兼议员威廉·P. 马西（William P. Massey）后来写道："（若没有保密决议，）这次著名的会议可能会分崩离析，无法达成任何成果，在其选民和英国面前，当然更不会显示出这种令人敬畏的姿态——激发无限景仰和尊重的团结、决断和坚毅。"[4]

宣誓是一回事，能否保守秘密是另一回事。就如本杰明·富兰克林

[1] John E. Hall, ed. *The Port Folio* vol. xviii (Harrison Hall, Philadelphia, 1824), p. 411.

[2] Joseph Federico and Matthew McHenry, *Galloway Township* (Arcadia Publishing, Philadelphia, 2011), pp. 7–8.

[3] L.H. Butterfield, ed., *The Papers, Diary, and Autobiography of John Adams*, vol. 2 (Harvard University Press Cambridge, MA, 1961), p. 107. *See also* National Archives, Monday, Aug. 22, 1774, *Founders Online, founders.archives.gov/documents/Adams*.

[4] William P. Massey, *A History of England During the Reign of George the Third*, vol. II (John W. Parker and Son, London, 1858) p. 202.

（Benjamin Franklin）在《穷理查年鉴》（*Poor Richard's Almanack*）中写过的俏皮话："三个人也可以保守秘密——假如其中两人死了的话。"尽管富兰克林的妙语不失为实情，而且会议也未规定泄密行为的处罚，但多数情况下，代表们仍能谨守誓言。即使对最亲近的人，他们也不曾透露有关大会工作的信息。约翰·亚当斯向妻子阿比盖尔（Abigail）写道："会议内容均为高度机密。"[1] 在早前写给妻子的信中，他作了部分解释："如此形势下，毫无顾忌进行写作将是轻率之举。"[2] 在另一封写给波士顿同乡埃尔布里奇·格里（Elbridge Gerry）的信中，亚当斯承认保密规则之必要性，但也惋惜道，这些规则让他无法向他人征询建议。"大会中通过的一切事宜皆属机密，我就是受制于这些保密限令、禁规和约定，"亚当斯写道，"这令我无法同朋友自由交流想法，即使在那些他们远比我懂得多的问题上，也不能咨询他们的意见。然而，为了更优先的利益，这种不便也是必须承受的。"[3] 康涅狄格代表塞拉斯·迪恩（Silas Deane）同样坚守了保密誓言的承诺，他向妻子伊丽莎白写信说："我们的会议由于各种原因将秘密进行，因此对这个问题，直至散会为止，什么都不能说；尽管我们也许会向全世界公开所有内容，但时机未成熟时，这样做是不妥的。"[4] 塞缪尔·亚当斯也写下了类似的话："关于他们辩论的主

---

[1] John Adams to Abigail Adams, September 18, 1774 [electronic edition]. *Adams Family Papers: An Electronic Archive*. Massachusetts Historical Society www.masshist.org/digitaladams.

[2] John Adams to Abigail Adams, September 8, 1774 [electronic edition]. *Adams Family Papers: An Electronic Archive*. Massachusetts Historical Society www.masshist.org/digitaladams.

[3] John Adams to Elbridge Gerry, November 5, 1775, Edmund C. Burnett, ed., *Letters of Members of Continental Congress*, vol. I (Carnegie Institution, Washington, D.C., 1921), p. 249.

[4] Silas Deane to Mrs. [Elizabeth] Deane, September 5–6, 1774. Conn. Hist. Soc. *Collections*: vol. II, p. 172; *See also* Edward C. Burnett, ed., *Letters of Members of the Continental Congress*, vol. I (Carnegie Institution, Washington, D.C., 1921), p. 11.

题，我受名誉约束，当下无法奉告。”[1]

当第一次大陆会议于 10 月 26 日休会时，代表们已顺利通过了《权利宣言》（“Declaration and Resolves”）和《大陆协定》（Statement of Continental Association）。前者是一部宣示殖民地权利、倾泻怨愤的文件，而后者则是 12 个殖民地缔结的一份书面承诺，商定中止对英贸易，直至英国殖民政策出现令人满意的转变。大陆会议亦表决通过，假如各殖民地的不满未妥善解决，则将于 1775 年 5 月 10 日重启会议。通过这些议案后，第一次大陆会议的代表们便启程返乡。

大会通过的《权利宣言》被送至英国议会时，英国人表现冷淡，但并不感到意外。当时正值 1775 年 4 月中旬，列克星敦和康科德战役（Battles of Lexington and Concord）已经打响；英军也已围攻波士顿。整个英国社会中更是滋长着对美利坚人的蔑视，不屑他们装出一副与英国公民平起平坐的模样。[2] 之后不到 1 个月，英国议会便宣布马萨诸塞湾殖民地处于叛乱状态。议会同时宣布，将坚决执行“大英帝国的法律与宪制”，并且吁请国王“采取最切实的手段，令法律与最高立法机关的权威得到其应有的服从”。[3] 看起来，一切和解的机会已不复存在。

1775 年 5 月 10 日，第二次大陆会议（Second Continental Congress）召开，此次的地点选在费城的宾夕法尼亚州议会（Pennsylvania State House），即宾夕法尼亚的殖民地首府。与第一次会议一样，第二次大陆会议也未被明确授予治理权；但正是这一会议，在此后 14 年中充当事实上的政府，而它治理的国家便是随后将要诞生的美利坚合众国。

[1] Samuel Adams to the Boston Committee of Correspondence, September 17, 1774, Harry Alonzo Cushing, ed., *The Writings of Samuel Adams*, vol. III (G.P. Putnam's Sons, New York, 1907), p. 154.

[2] William P. Massey, *A History of England During the Reign of George The Third*, vol. II (John W. Parker and Son, London, 1858) p. 197.

[3] Worthington Chauncey Ford, ed., *Some Papers Laid Before the Continental Congress, 1775* (Gov. Printing Office, Washington, D.C. 1905), p. 27.

13个殖民地中，有12个殖民地派代表出席第二次大陆会议，他们许多人也是第一次大陆会议的代表。此后的2周内，更多代表将会陆续抵达，新参会代表中就包括大名鼎鼎的本杰明·富兰克林和约翰·汉考克（John Hancock），分别来自宾夕法尼亚和马萨诸塞。未参与第一次大陆会议的佐治亚，一开始仍拒绝派人与会；但在1775年7月4日于萨凡纳（Savannah）举行的第二次地方议会上，佐治亚接受了《大陆协定》的条款，并选举出5名代表赴会。培顿·伦道夫与查尔斯·汤姆森出任原职，依旧担任大会主席和秘书。5月底，伦道夫被召回弗吉尼亚主持众议院工作，托马斯·杰斐逊被选来接替他，担任弗吉尼亚代表。1775年5月24日，约翰·汉考克当选大会主席，他在这一位置上工作到1777年10月29日。[1]

第二次大陆会议最早通过的几项决定中，便有与第一次会议近乎雷同的保密决议。5月11日通过的这一决议，再一次将代表们置于“保守会议秘密的最高荣誉义务”[2]之下。与上次相同,决议中并未规定违反者应受何等处罚。第二次大陆会议还采取了额外的预防措施，规定因参与大会工作而能获知秘密商议的非代表，亦须宣誓保密。当大会同意秘书汤姆森聘用一位名叫蒂莫西·马特拉克（Timothy Matlack）的雇员时，前提便是马特拉克必须“首先宣誓……对一切可能托付给他，或他可能获知的大会事宜保密”[3]。次年（1776年）6月12日，覆盖面更广的保密政策出台,要求新政府的一切雇员宣誓：不会“直接或间接地泄露可能获知的任何事宜”。战争与军械委员会（Board of War and Ordinance）是由大会创立的常设委

---

[1] 1775年9月，培顿自弗吉尼亚返回大会。一些代表要求他辞职。10月22日培顿（因中风）猝死，这一事件几然告终。

[2] “A Century of lawmaking for a New Nation: U.S. Congressional Documents and Debates, 1774–1785,” *Journals of the Continental Congress*, vol. 2, May 11, 1775 (Library of Congress, Washington D.C., 1904–1937) p. 22 (hereinafter *Journals of the Continental Congress*).

[3] *Journals of the Continental Congress*, vol. 2, at 49.

员会，负责监督大陆军（Continental Army）的行政工作；最早被要求宣读这份新誓词的，就是该委员会的雇员。[1]

第二次大陆会议召开之时，与大英帝国和解的希望已十分渺茫。英国领导层中，早先支持对殖民地作些让步的人数不断减少。而在美国这边，越来越多的民众开始相信，不用武力是无法争取到自由的。大会一度向“加拿大受压迫的定居者”致信称：“我们，已决意过自由的生活——要么宁可不活。”[2]5 月 15 日，会议开幕后还未满一周，大会表决通过，将美利坚各殖民地进入“军事防御状态”。一个月后，已经开始身着上校军服进出会场的乔治 · 华盛顿，接到任命他为大陆军总司令的委任状。

1775 年 8 月 23 日，美英和解最后的一丝希望亦被打破。英王乔治发表《皇家宣言》，称弗吉尼亚正处于“公开、公然的叛乱”之中。他命令所有英国官员和忠诚属民，“一旦发现任何人与武力公开反对我政府的叛乱者存在通信来往，或对其施以任何形式、任何程度的襄助或支持，则须向我国主要的内阁大臣或其他适当官员，提供一切必要且充分的信息”[3]。

由于与英国的关系愈发紧张，大会提高了对保密制度的要求，再加之一些与会者疑已违背保密誓言，大会通过了第二项保密决议。这次的决议规定了泄密的严惩措施。这项决议于 1775 年 11 月 9 日通过，宣称：“若有成员违反此协议，将被逐出大会，并被视为美利坚自由的敌人，亦将受到相应的对待；对任何签字表示同意的代表，此协议一视同仁。”[4] 共计 87 名代表签署了这项新的保证：11 月 9 日有 39 人签署，其余人之后向大会报到时签署。

---

[1] *Journals of the Continental Congress*, vol. 5, at 435.

[2] *Journals of the Continental Congress*, vol. 2, at 68–69. 信件被译成法文，共印出 1000 份，被送往加拿大，“在彼处居民间散发”。

[3] *William and Mary College Quarterly Historical Magazine*, vol. 20 (Whittet & Shepperson, Richmond, VA, 1912), pp. 123–124.

[4] *Journals of the Continental Congress*, vol. 2, at 342–342.

在近15年的会议期间（1774年9月5日至1789年3月2日），大陆会议成果颇丰。它宣布美利坚脱离英国独立，建立新的国家政府，组建军队，又投身于一场为期6年多的血腥、昂贵的战争。而当一切尘埃落定，公众仍未获准对会议的辩论进行第一手探究。

大会的日志

尽管决定闭门开会，但代表们并不打算对公众永久隐瞒他们的商议内容。第一次和第二次大陆会议上通过的保密决议，均对会议内容的公开作出过规定，只不过都限于应“多数人要求”。而即便如此，最终向公众解密的会议记录，也只捕捉到了会场上的一部分内容。许多事仍属机密。

1774年10月22日，第一次大陆会议行将休会时，决定将“现已修改过的大会日志送至报社，用于印刷发表”[1]。“修改”这一操作，也延续到第二次大陆会议。1775年7月25日，大会指派由约翰·亚当斯、理查德·亨利·李（Richard Henry Lee）和约翰·拉特利奇（John Rutledge）组成委员会，“修订大会日志以备发表”[2]。但尽管有委员会负责修订，也不是所有会议内容最初都得以发表——有些显然被压下了。1775年11月30日，大会授权发表更多的会议日志，并要求上述委员会“研究目前是否适合发表上一会期压下未发的那些日志”[3]。同年晚些时候，12月14日，大会通过章程规定：“每早须宣读前一日的会议记录，进行修改、誊录，以便交付发表。”[4]

[1] *Journals of the Continental Congress*, vol. 1, at 101–102.

[2] *Journals of the Continental Congress*, vol. 2, at 208.

[3] *Journals of the Continental Congress*, vol. 3, at 393.

[4] *Journals of the Continental Congress*, vol. 3, at 427.

对大会日志并不只是常规修订。早前，大会秘书汤姆森便已决定，只记录那些最终投票通过的决议。动议若仅被提出而未被采纳，则不会记入他的日志。“就会议记录这事而言，”汤姆森解释说，“大会通过的，我写下来；大会拒绝的，我就由它去了。”[1] 约翰 · 亚当斯后来在自传中写道：“除非动议获得多数赞成并向大会通报，否则大会秘书不会对其作任何记录。”[2]“这种安排，”亚当斯不无讽刺地评论道，“对反对派是一种便宜……如此一来，任何他们不喜欢的主题，就能避免出现在日志上。”[3] 会场辩论（floor debate），即使相关议案最终通过，也未写入汤姆森的日志。

大会秘书汤姆森之所以只记录大会赞成的决议，是受帕特里克 · 亨利一次讲话的影响。第一次大陆会议召开不久后，亨利在某次讲话中，将前途未卜的殖民地比作一个身陷困境的人，说此人不知如何应对，于是向朋友问计。“一人提议这个，另一人提议那个，”亨利说，“而或许第三人提出的建议，更契合目前的困难处境，于是被欣然接受。至于那些被拒绝的计划，从此再无干系，也不会被想起。”[4] 汤姆森认为亨利的说法在理，后来他又解释道：“我认为这对作会议记录而言，是很好的指导。”[5] 尽管汤姆森作记录的方法一开始只是个人决定，但大会并未加以干涉。于是这也成为大会的官方政策。

---

[1]　Lewis Harley, *The Life of Charles Thomson* (George W. Jacobs & Co., Philadelphia, 1900), p. 95.

[2]　Charles Francis Adams, *The Works of John Adams* (Charles C. Little and James Brown, Boston, 1856), p. 30.

[3]　John Adams autobiography, Part 1, *John Adams* (Feb. 17, 1776), sheet 31 of 53 [electronic edition]. *Adams Family Papers*. [electronic edition]. *Adams Family Papers: An Electronic Archive*. Massachusetts Historical Society 222.masshist.org/digitaladams.

[4]　Moss Coit Tyler, ed., *Patrick* Henry (Houghton, Mifflin and Company, Boston, 1890), p. 97. *See also American Quarterly Review*, vol. 1, p. 30.

[5]　Lewis Harley, *The Life of Charles Thomson* (George W. Jacobs & Co., Philadelphia, 1900), p. 95.

即便是那些理应出现于汤姆森官方日志中的事项，也并非都记录在案。一些有争议的提案一旦泄露，可能（甚至潜在地）暴露出殖民地间不够团结，结果就被日志略去了。约瑟夫·盖洛威“关于联合大英帝国与其殖民地的计划提议”[1] 便是一例。盖洛威的这份计划呼吁，由大议事会（Grand Council）与总督统（President General）分掌殖民地的内政，大议事会的成员由各殖民地议会——本质上相当于英国议会——分别选出，而总督统则由英王指派，担任行政首长。盖洛威的计划在初读时，以区区一票之差落选。[2] 由于票数接近，代表们要求将其悬置，以备再议，于是按规定，盖洛威计划被汤姆森写入会议记录。然而这份计划此后再未得到讨论。到 10 月 22 日，即会议最后一日，从大会日志中，主张独立的激进派成功抹掉了盖洛威计划的存在。尽管不知何人所为，但在盖洛威看来，塞缪尔·亚当斯无疑为挫败其计划出过力。“他吃得少，喝得少，睡得少，”盖洛威这样描写亚当斯，“但想得一点也不少，而且在追求其目标时，无比坚决、不知疲倦。”[3] 之后，新泽西皇家总督威廉·富兰克林（William Franklin），向英国殖民地事务大臣达特茅斯伯爵（Earl of Dartmouth）汇报称：“他们不仅拒绝继续讨论（盖洛威计划），就连计划本身和那道（要求日后再议的）指令，也在会议记录中被一并抹掉。这样就连只言片语都不会剩下。”[4] 虽然盖洛威的计划也可能赢得不少美利坚人的支持，但他们压根都不知道这一提议的存在。

---

[1] *Journals of the Continental Congress*, vol. 1, at 49–51.

[2] “Galloway’s Plan for the Union of Great Britain and the Colonies,” www.ushistory. org; *See also* Julian B. Boyd, *Anglo-American Union: Joseph Galloway’s Plan to Preserve the British Empire, 1774–1778* (Octagon Books, New York, 1970).

[3] Edmund C. Burnett, ed., *Letters of Members of the Continental Congress*, vol. 1 (Carnegie Institution, Washington, D.C., 1921), p. 55.

[4] William Franklin to the Earl of Dartmouth, Dec. 6, 1774. Chauncey Ford, ed., *Journals of the Continental Congress* (Gov. Printing Office, Washington, D.C.; 1904), p. 51 n. 1. 方案被拒绝并从记录上抹去，都使盖洛威愤怒不已。盖洛威作为富兰克林的私人好友，曾将方案的一份副本交给富兰克林。

秘密的委员会

1775 年秋，美洲殖民地仍未向英国宣布独立——这一步要等到来年夏天。然而为了备战，第二次大陆会议已成立了两个“秘密”的委员会：秘密委员会（Secret Committee）和秘密通信委员会（Committee of Secret Correspondence）。两者都要承担一定的政府职能——主要是国防与外交方面。这些职能通常由政府行政部门负责；而在行政部门缺位的情况下，这些职能以及广义的政府职责，都落到了大会身上。保密制度的作用愈发凸显出来。

秘密委员会成立于 1775 年 9 月 18 日。[1] 任务是采购各类战争物资，并分发给殖民地军队，这些物资最初包括火药、铜制野战炮和火枪。采购所需的资金，通常来自将美国商品运销到欧洲的收入所得。由于皇家海军（Royal Navy）封锁了商路，双向货运大多被安排由悬挂外国国旗的中介船只进行。为秘密委员会工作的代理人在执行任务时，要奉行最高的保密等级。例如，威廉 · 宾厄姆——是位宾夕法尼亚的有钱人，后来担任过美利坚合众国的参议员——就曾被委员会派去马提尼克岛（Martinique），购买“1 万支配好刺刀的优质火枪”。在授予他的书面指示上，委员会提醒道，他的职责是“遵守最严格的保密制度，不向任何人透露所执行任务的只言片语，除非对方是为完成任务而必须接触的人士”[2]。

通信委员会则成立于 10 周之后的 1775 年 11 月 29 日，作用是联络沟通在英活动的代理人，以及“我们在世界其他地方的朋友”[3]，力图确保他们从外交和资金上支持殖民地的战事。鉴于通信委员会活动的秘密属性，

[1] *Journals of the Continental Congress*, vol 2, at 253.

[2] “The Committee of Secret Correspondence: Instructions to William Bingham June 3, 1776,” *Founders Online*, National Archives, www.fonders.archives.gov/ocuments/Franklin [Original source: William B. Willcox, ed., *The Papers of Benjamin Franklin*, vol. 22 Yale University Press, New Haven, 1982, pp. 43–447].

[3] *Journals of the Continental Congress*, vol. 3, at 392.

其成员开始对该委员会的名称冠以“秘密”二字。很快它便被正式称为秘密通信委员会。该委员会的外交职能不断发展，于是在1777年4月17日，大会正式将其重新命名为外事委员会（Committee for Foreign Affairs）。

确保这两个委员会活动的机密性，其重要程度自不待言。为此，大会指示将两者的活动记入秘密日志。秘密日志与公共日志分开存放，后者记录的是大会的其他低敏感度议题。1776年5月10日，大会要求秘密通信委员会“将其会议记录呈送大会”，同时指示该委员会，呈送内容中不要包括“委员会雇用或有通信来往的人员姓名”[1]。委员会在海外部署了隐蔽身份的代理人，披露身份显然于其任务不利。因此，这些代理人的姓名，只被记录在秘密日志中。在整个战争期间，大会与其驻欧洲各公使通信时，遵循何种密级，都是个别地因事而定。但到战争结束后的1784年5月3日，邦联议会（Confederation Congress）采纳了托马斯·杰斐逊的提议，规定“一切来自美国驻欧使节的信件，无论何时都应遵循保密强制令（injunction of secrecy），除非议会以特别许可的方式，允许发表或传播其中部分”[2]。采纳杰斐逊的提议，很可能标志着美国对“自始加密”原则（“born classified” principle）的首次运用。

要防止英国取得战争情报或者其他敏感信息，必然意味着也要将美利坚人民蒙在鼓里。虽然在大陆会议上，人民的代表们通常有权接触机密信息，但有关秘密通信委员会的情报却往往不在此列。该委员会的工作信息，按例不向委员会以外的议员开放。阿瑟·李（Arthur Lee）是来自弗吉尼亚的美利坚爱国人士，曾在英国攻读法律和医学；他同意在当时所居住的伦敦市，为秘密通信委员会担任代理人。1776年9月底，李向委员会报告称，法国有意为大陆军提供武器和弹药。收到报告后，由本杰明·富兰克林和罗伯特·莫里斯（Robert Morris）执掌的秘密通信委员会，作出结论：“鉴于报告的性质和重要程度，我们一致认为，有义不

[1] *Journals of the Continental Congress*, vol. 4, at 345.

[2] *Journals of Continental Congress*, vol. 26, at 331–332.

容辞之责任使其免于泄露，即使向大陆会议也不能透露……惨痛的经验告诉我们，大会人员众多，无法守住秘密。”[1] 确实如此，后来，连《常识》（*Common Sense*）的作者托马斯·潘恩（Thomas Paine）这样的爱国者，也被从委员会秘书的职位上撤下，原因便是他披露了法国有意资助美利坚人的消息。[2]

就在大陆会议着力为战争正名并四处求援时，公众对于提高大会公开度的诉求也在增加。一边呼吁美利坚人为战争付出必需的牺牲（按人头计算，独立战争期间的死亡率甚至高于两次世界大战期间的死亡率），另一边又对人民隐瞒大会决策背后的商议过程，这种做法已愈发不能服众。于是 1777 年，大会开始定期发表官方日志。到 1779 年，每周的定期发布成为通例；然而这一做法仅持续到该年年末，原因是“花销不菲，又因流通规模过小，几乎无法达成发表时的目的；而且实际上，一般人对大会事务并无太高的兴趣”[3]。秘密日志则依然密而不发。

即便到 1783 年 9 月战事结束，一切保密理由亦随之消逝时，邦联议会依然拒绝向公众开放这些日志。直至近半个世纪后的 1820 年 2 月 2 日，才有一位弗吉尼亚的议员乔治·斯特罗瑟（George Strothers）提出议案，要求将秘密日志公开。“我们政府的理论，”斯特罗瑟说，“建立在人民的德行和智慧之上；放到实践中，对公众人物进行评价时，应该看其所作所为；就好像评判果树时，应该看其果实。（现在）是时候见到果实，从而（让人民）能对果树作出评价了。”他问道：“诚实的人会想用一块幕

[1] Peter Force, ed., “American Archives, Fifth Series,” vol. II, at 818–819 (Statement of members Benjamin Franklin and Robert Morris; concurred in by Richard Henry Lee and William Hooper) (M. St. Claire Clark and Peter Force, Washington, D.C., 1851).

[2] 1778 年，潘恩指控大陆会议代表赛拉斯·迪恩（Silas Deane），说后者试图从法国援助中牟取私利。为证实自己的说法，他引用了曾以委员会秘书身份获取的文件。潘恩次年被解职。

[3] *Journals of the Continental Congress*, vol. 13, at 5.

布遮掩他的行为，不让公众看到吗？我觉得是不会的。”[1] 尽管对斯特罗瑟的提议存在一些反对意见——主要是公开的成本问题——但国会仍于 1820 年 4 月 21 日进行授权，允许秘密日志、“一切与大陆会议日志相关的文件档案、至今仍被认定为机密的其他所有大陆会议文件档案”[2] 得以公开。

[1] John C. Rives, ed., “Abridgement of the Debates of Congress from 1789 to 1856,” vol. vi (D. Appleton and Co., New York, 1858), pp. 493–494.

[2] 1818 年 3 月 27 日，国会通过了一份更早的决议，要求公开秘密日志，但“总统认为不宜当下公布的外交通信部分除外”。1820 年 4 月 21 日的决议取消了这条但书。

第2章

新宪法的诞生

现在就看组成邦联的各州，凭它们所选定的行动方针，究竟将使这个国家变得幸福而可敬呢，还是会使它陷于卑微？抑或更加糟糕地，堕入无政府和混乱状态？

——乔治·华盛顿，1783年7月8日

《邦联条例》的失败

1776年7月4日，殖民地正式宣告独立，设立起某种形式的中央政权势在必行。协调各方的战争努力，确保外交承认，以及建立国民身份的意识，这些都要求组建一个全国政府——美利坚政府。建立全国政府需起草计划，这一任务被交给议会下属的委员会，由特拉华的约翰·迪金森（John Dickinson）主持。尽管迪金森的工作对美国人民意义重大，但该委员会却采取了闭门商议，公众不仅无从参与，而且根本不知其存在。迪金森委员会形成的一系列提议，最终成为《邦联和永久联合条例》（Articles of Confederation and Perpetual Union，简称《邦联条例》或《条例》）的基础。通过这一协议，建国伊始的这13个州，将美利坚合众国缔造为一个由诸主权国家构成的邦联——“一个彼此友好的牢固联盟”[1]。

1777 年 11 月 15 日，《邦联条例》由大会正式通过。2 天后，《条例》发往各州，以待批准。《条例》需 13 个州一致批准，方能生效。1777 年 12 月 16 日，弗吉尼亚成为首个批准国家新宪章的州。其他一些州则于 1778 年初分别批准了《条例》。到 1778 年 6 月大会重新召开时，仅剩马里兰、特拉华和新泽西三州尚未批准。这些小州不愿批准《条例》，除非大州同意放弃对西部土地的主张。最终，新泽西和特拉华接受《条例》，分别于 1778 年 11 月 26 日和 1779 年 2 月 12 日批准；唯有马里兰拒不让步。一些州的立法机关恼怒于马里兰的顽固不化，纷纷通过决议，要求组建一个将马里兰排除在外的全国政府。另一些州——例如北卡罗来纳——虽然支持《邦联条例》，但坚持认为，若将马里兰排除于新联盟之外，那只会造成国家虚弱、分裂，为外国干涉和操纵敞开大门。正当马里兰与其他州争吵不休时，英军开始对马里兰切萨皮克湾（Chesapeake Bay）沿岸的居民点展开劫掠。马里兰官员向法国请求海军援助，但法国人却力劝他们批准《条例》，然后向各姊妹州求援。法国对马里兰求援的冷淡回应，加上弗吉尼亚同意放弃对西部土地的主张，使马里兰议会于 1781 年 3 月 1 日批准了《邦联条例》。托马斯 · 罗德尼（Thomas Rodney）在日记中记载道，在费城，“协会山上放响 13 门火炮，宣告这一伟大联合和邦联的实现”[2]。

虽然《邦联条例》旨在建立一个全国政府，但它对政府的行政和司法部门并未提出任何规定。全国政府仅由一院制的立法机关组成，其中 13

[1] 早在两年多以前，本杰明 · 富兰克林便已勾画出《条例》草案。1775 年 7 月 12 日，富兰克林的草案在大陆会议上宣读，但未被处理。当时各殖民地尚未宣布从英国独立。然而富兰克林依然希望，这份草案能促使代表们开始思考美利坚当前与未来的需要。不过他强调称，这只是一份草案，大陆会议或许能想出更完美的条文。

[2] “A Century of lawmaking for a New Nation: Congressional Documents and Debates, 1774–1875,” *Letters of Delegates to Congress*, Thomas Rodney’s Diary, March, 1781. (hereinafter *Letters of Delegates to Congress*).

个州的代表团各有一票表决权。重要的决议——鉴于《条例》所授权限之窄，这种决议并不多见——需要绝对多数（至少 9 个州）同意才能通过。不过，《条例》的弱势地位并非无意所致。对美国人来说，他们在 18 个月前刚刚决定脱离英国，当下很少有人愿意接受一个有任何实权的中央政权。对国家统一和国家意志的共同观念，是中央政权得以有效运作的前提，但这在当时还不具备。多数美国人中流行的观点是，政府权力应在本地行使，而不应由一群在远方开会的陌生人操持，不论他们身在伦敦还是费城。“独立，”托马斯 · 杰斐逊后来写道，“唯有寄托在人民身上。”[1] 因此，《条例》仅向邦联议会授予有限的权力，明确宣称“各州保有各自的主权、自由、独立以及一切未明确授予邦联的权力、司法权和权利”[2]。

在处理重大事务上，新中央政府的弱势尤其显著。如果不经各州协助，议会无法获取税收，也无权履行条约或偿付国家对外国债权人的军费欠款——据亚历山大 · 汉密尔顿（Alexander Hamilton）估计，这一外债高达 5200 万美元。不出所料，《条例》的弱势地位引发了许多恶果。例如，美国无力履行《巴黎条约》（Treaty of Paris）所规定的义务，这就给英国留有口实，方便其保留在西北的要塞群，从而严重阻碍了美国的西进扩张。邦联政府面临的这些严重问题，导致了 18 世纪 80 年代中期的政治危机。而问题不仅如此，更大的麻烦可能在于议会根本无力解决这些问题。不过，抛开这些严重缺陷，《邦联条例》在为议会提供合法性上，依然发挥了至关重要的作用，使其能够合法地指挥战争和开展对欧外交。采纳《条例》后，第二次大陆会议正式变身为邦联议会。

尽管《邦联条例》未能给出一个可行的国家治理模式，但它通过建立“议会所议之事皆须公开记录”的基本规则，确实推动了议会的开放——虽然程度有限。先前大陆会议时，日志需经大会特别指示方可发表；《邦

[1] Thomas Jefferson to Spencer Roane, September 6, 1819, Library of Congress, electronic format www.loc.gov/exhibits/Jefferson.

[2] Articles of Confederation, Art. II.

联条例》与此不同，预设的规则更利于公开发表："议会……须每月发布会议日志。"[1] 日志的发表由此成为强制，而不是酌情为之。然而同先前一样，《条例》所要求公开的记录，仍未完整记载会议经过。具体来说，"与条约、联盟或军事行动相关的内容，在他们看来需要保密"，因此未记录在公开日志中。基于保密理由，即便是定期送往各州立法机关的"上述日志抄本"，也须按此办理，所删内容与从公众日志中删去的内容一致。[2] 所有删节部分都被记录于议会的秘密日志。尽管如此，《条例》对公布日志的要求仍然标志着，政府的公开性向前迈出了一大步。

1783 年 7 月，议会批准与英国的初步和约后，当时正在编修美国革命史的威廉 · 戈登（William Gordon）牧师，询问乔治 · 华盛顿对美国的未来道路有何期望。华盛顿答道："现在就看组成邦联的各州，凭它们所选定的行动方针，究竟将使这个国家变得幸福而可敬呢，还是会使它陷于卑微？抑或更加糟糕地，堕入无政府和混乱状态？"[3] 虽然美国并未沉沦到华盛顿所担忧的地步，但新政府的运作也远称不上成功。全国政府的大多数重要职能要想实现，全需仰仗各州的自愿合作；它自己几乎什么都做不了。全国政府无权收税，无力负担国防，无法偿付公共债务，也解决不了面临的贸易问题——这些贸易问题不仅加剧各州的紧张关系，而且阻碍国家经济的有效运转。托马斯 · 杰斐逊早前致信华盛顿说："一切重要议题上，不仅要求每个州一致，而且要求全体议员一致；在任何重要问题上，这种一致同意都是不可能达成的。"[4] 到 18 世纪 80 年代中叶，议会实质上

[1] Articles of Confederation, Art. IX, clause 7.

[2] Articles of Confederation, Art. IX, clause 7.

[3] George Washington to the Rev. William Gordon, July 8, 1783, The University of Chicago Press, "The Founders' Constitution," vol. 1, ch. 7, doc. 6, www.press-pubs.uchicago.edu/founders/documents.

[4] Thomas Jefferson to George Washington, March 15, 1784, The Avalon Project (Lillian Goldman Law Library, Yale Law School); *see also* Jared Sparks, ed. *Correspondence of the American Revolution*, vol. 4 (Little, Brown, and Company, Boston, 1853), pp. 62–63.

已处于空转。虽然华盛顿并非那个时代最先进的政治思想家，但他热心于实践政治的研习。他知道，假如政府想要运作起来，那么受命主持政府的人就必须有足够的权威。在华盛顿看来，“除非授予议会足够的权力……否则我们很快就会朽烂成灰，在欧洲眼中变得一文不值”[1]。

各州之间贸易关系的恶化，是这个新国家所面临的最棘手问题之一。每个州都可自由设定关税和贸易规则。“某些州制定的规则事事干涉、以邻为壑，”亚历山大·汉密尔顿写道，“确有理由令人不满和抱怨……如果国家对此不加约束，（那只会）妨碍邦联中不同区域的交往。”[2] 不可避免地，各州间关系将紧张起来。在波士顿《马萨诸塞哨兵报》（*Massachusetts Sentinel*）上，有作者这样评论各州间纠纷的后果："战争时，共同的恐惧把我们绑在一起；现在这个基础不复存在了。我们不再是一个诸邦的联合，因为我们之间不存在任何坚定有力的契约。妒忌的空气吹散了蛛网似的邦联；同伴间团结的铁链分崩离析。不错，我们表面上依然称兄道弟，可暗地里却互相憎恨、嫉妒，力求挫败彼此的利益。”[3] 必须要坚决采取措施了。

安纳波利斯会议

1786 年，美国不断恶化的经济状况已受到举国关切。当年 1 月，在詹姆斯·麦迪逊的敦促下，弗吉尼亚议会通过决议，邀请其他各州于 9 月在

[1] Jared Sparks, ed., “The North American Review,” vol. xxv (Hilliard, Metcalf & Co., Cambridge, 1827), p. 254.

[2] *The Federalist*, No. 22, “The Project Gutenberg EBook of the Federalist Papers.”

[3] *Massachusetts Sentinel*, April 11, 1787, in Merrill Jensen et al. eds., “The Documentary History of the Ratification of the Constitution” (State Historical Society of Wisconsin) at13:79.

马里兰州的安纳波利斯（Annapolis）参加特别会议。[1] 他们宣称，会议的目的是：“就美国贸易展开商讨；审视各州间的相对处境和贸易状况；为实现各州共同利益和永久和谐，探讨需要在多大程度上建立统一的贸易规则体系。”弗吉尼亚州同时提议，各州分别向邦联议会准备一份更加全面的报告，详细说明对《邦联条例》必要的修正。

安纳波利斯会议（Annapolis Convention）——官方称为“修补联合政府缺陷的委员会议”——于 1786 年 9 月 11 日在曼恩酒馆召开。特拉华的约翰·迪金森当选会议主席。人们无意隐瞒会议的举行及其目的，但公众却不许进入会场，会议也未作详细记录。每天的开会和闭会时间都会记上一笔，但除此之外就鲜有其他记录。确实，在此次会议看来，似乎连指派一名秘书负责会议记录也属多余之举。这又是一次美国政治领袖间的密会。

尽管安纳波利斯会议上要解决的问题关系重大，但出席者却寥寥无几。13 个州中，只有来自 5 个州（纽约、新泽西、宾夕法尼亚、特拉华、弗吉尼亚）的 12 名代表出席会议；另有 4 个州（新罕布什尔、马萨诸塞、罗得岛、北卡罗来纳）虽然选派了代表，但无人按时抵达。马里兰、康涅狄格、南卡罗来纳和佐治亚更是作壁上观。

根据各州立法机关的授权，参加安纳波利斯会议的代表可以“对美国商贸展开商讨……（以及）探讨需要在多大程度上建立一个统一体系，使其符合各自商业利益”[2]。除此以外，基本没有别的指示。唯有新泽

[1] Charles C. Tansill, ed., *Documents Illustrative of the Formation of the Union of the American States* (Government Printing Office, Washington, D.C., 1927): “Resolution of the General Assembly of Virginia Proposing a Joint Meeting of Commissioners from the States to Consider and Recommend a Federal Plan for Regulating Commerce” (January 21, 1786).

[2] Charles C. Tansill, ed., *Documents Illustrative of the Formation of the Union of the American States* (Government Printing Office, Washington, D.C., 1927): “Resolution of the General Assembly of Virginia Proposing a Joint Meeting of Commissioners from the States to Consider and Recommend a Federal Plan for Regulating Commerce” (September 14, 1786).

西州授权其代表，“商讨其他可能为各州间共同利益和永久和谐所必需的重要事务”[1]。

安纳波利斯会议的代表中，有 7 人曾在大陆军服役，因此除了商贸以外，他们还关注其他问题。在军旅生涯中，他们遍游殖民地各处，因而对整个国家面临的挑战有更高远的见解。他们的游历和服役经验使他们认识到，当前联合政府体系还存在着其他缺陷，这些缺陷问题严重，比起州与州的贸易破裂，唯有过之而无不及。然而鉴于“代表性不足的情况”，安纳波利斯会议的代表们“认为，不宜继续开展其任务……（因而）决定休会”，原本召他们前来商议的问题依旧悬而未决。[2] 会议仅持续了 3 天。

约 18 年后，曾出席安纳波利斯会议的詹姆斯 · 麦迪逊致信诺厄 · 韦伯斯特（Noah Webster），信中提到，在会议之初，代表们的“磋商便发生了转向，提出更加激进的改革；这已超出他们作为各州委员的权限范围”。正如会议呈交各州的最后报告所提到的，即便只是贸易的规则问题，也“涉及如此之广……以至于要想使它奏效……联合体制的其他部分可能需要相应调整”。于是代表们同意，安纳波利斯会议将向各州提议，再举行一次“会议，届时，参会委员应有权梳理并提出一个有效的联盟政府新体系”[3]。由纽约州的亚历山大 · 汉密尔顿主导，代表们拟定了一份呈送各州的报告，“表示他们真诚一致地希望，能够尽快采取措施，召开一次各州参与的大会”，会议拟于“翌年 5 月的第 2 个周一”在费城举办。新会议的目的将是“商讨合众国的现状，并制订在各州看来必要的新条款，以应对联盟的危急状况”。1786 年 9 月 14 日，会议主席迪金森签署安纳波利斯会议报告——《安纳波利斯会议委员的会议记录与报告（1786 年 9 月 11

[1] Sydney Howard Gay, ed., *American Statesman: James Madison,* Vol. XII (Houghton, Mifflin and Company, New York, 1899), pp. 59–60.

[2] “Report of the Annapolis Convention to the Legislatures of Virginia, Delaware, Pennsylvania, New Jersey, and New York,” n. 12.

[3] Galliard Hunt, ed., *The Writings of James Madison: 1803–1807*, James Madison to Noah Webster, October 12, 1804 (G.P. Putnam’s Sons, New York, 1908), p. 163.

日－14日)》，报告随后递交邦联议会，并呈送给派代表与会的5个州的立法机关。

安纳波利斯会议呼吁召开各州参加的特别会议，这与启动修改《邦联条例》的既定办法有重大出入。《条例》第13条明确规定，“除非修改意见（首先）得到合众国邦联议会同意，（之后）再经每个州的立法机关批准”，否则不得对《条例》作任何修改。根据第13条的明确要求，会议代表们收到的指示基本上都规定，对于安纳波利斯会议上可能提出的任何修改《条例》的意见，都须先报告给“召开中的合众国议会”，再呈报各州。安纳波利斯会议的代表们提议召开特别会议，而事先未经邦联议会审议，他们对此给出的唯一解释是“邦联议会可能过多受日常事务干扰，而且得不到非议员人士的宝贵谏言”[1]。

安纳波利斯会议尽管没能实现任何原定目标，但在大改《邦联条例》的必要性方面，激发了各州的广泛讨论。[2]许多在美国革命中扮演过显要角色的人都确信，当务之急是采取激进果断的行动。安纳波利斯会议休会后不久，乔治·华盛顿致信詹姆斯·麦迪逊，阐述他支持建立强有力的新中央政府：“一个松散或低效的政府会是什么后果，这太显而易见了——13个主权国家揪住邦联的脑袋互相拉扯，很快就会使全体人遭殃。”[3]在另一封写给日后首任战争部部长亨利·诺克斯（Henry Knox）的信中，华盛顿承认特别会议在程序上不合常规，但仍坚信必须采取大胆的行动：“我不想讨论会议的合法性问题，也不想讨论这方面的问题究竟有多大。现在我们缺少权力，没人能否认这一点。究竟通过什么渠道来获得这些权

[1] Galliard Hunt, ed., *The Writings of James Madison: 1803–1807*, James Madison to Noah Webster, October 12, 1804 (G. P. Putnam's Sons, New York, 1908), p. 162.

[2] Max Farrand, *The Fathers of the Constitution, a Chronicle of the Establishment of the Union* (Yale University Press, New Haven, 1921), p. 105.

[3] George Washington to James Madison November 5, 1786, John P. Kaminski and Jill Adair McCaughan, eds., *A Great and Good Man: George Washington in the Eyes of His Contemporaries* (Rowan & Littlefield, Lanham, MD, 1989), p. 49.

力，这会……是公众关心的问题。用最短的路径取得权力……将是最好的方法。否则，就像是房子着了火，当人们还在就灭火的常规做法争论不休时，房子已经烧成灰了。”[1] 后来新宪法的首要支持者诺厄·韦伯斯特，对中央政府弱势地位的担忧，亦不亚于华盛顿。他写道：“只要 1 个州还有权否决其他 12 个州的决定，我们自诩的联盟就不过是个名号，我们的邦联就不过是一张蜘蛛网。”[2]

毫无疑问，在美国政府体系的改革运动中，安纳波利斯会议扮演了重要角色。但若将此次会议，与约 8 个月后的费城制宪会议（Constitutional Convention）直接联系起来，也是不准确的。的确，安纳波利斯会议首次发出改革呼吁，重要性不言而喻；但真正推动变革的，是人民对经济的日益不满，和政府在治理方面显露出的无能。谢司起义（Shays' Rebellion），独立战争后第一次大规模武装反抗，为变革提供了必要的紧迫感。

谢司起义

邦联政府无力对国家事务进行有效控制，从 1786 年夏末到 1787 年 2 月间，这一点戏剧化地呈现出来。在原大陆军上尉丹尼尔·谢司（Daniel Shays）的带领下，一群饱受压迫的农民揭竿而起，试图夺取马萨诸塞州斯普林菲尔德的邦联军火库。当时，国家已陷入严重的经济衰退，通货膨胀蔓延，货币也不稳定。马萨诸塞州的中西部，情况尤为严重。无力偿付债务的农民被当地官吏夺走农舍，有些被直接投入狱中。尽管马萨诸塞州采取了一定限度的减税减债措施，但对起义者开印纸钞的关键诉求，州立法

[1] George Washington to Henry Knox February 3, 1787, *Founders Online*, National Archives, www.founders.archives.gov/documents/Washington.

[2] Joseph C. Clayton, “The American Lawyer,” vol. 15 (Corporation Legal Manual Com pany, New York,1907), p. 19.

机关坚决拒绝。[1]

对马萨诸塞州或邦联政府，谢司起义并未构成重大威胁。仅几个月后，起义即被武装民兵镇压下去。民兵队伍由州长詹姆斯·鲍登（James Bowdoin）负责组织，并得到东部商人的资助。然而，起义确实赤裸裸地昭示出，各州经济黯淡，而国家政府既无力改善经济状况，也无力在谢司起义时维持社会秩序。美国许多领导人都受此警醒。[2] 许多人原本对制宪会议只采取不温不火的开放态度，受到这一反面例子的惊动，也纷纷行动起来。邦联议会的马萨诸塞代表斯蒂芬·希金森（Stephen Higginson），在写给亨利·诺克斯的信中，提到了这种心态转变。他说："近期，民众的心态发生了如此剧烈变化，我在任何地方都不曾见过。" [3]

起义开始后不久，乔治·华盛顿向亨利·诺克斯写信，称自己对社会的失序状况大为吃惊。"如果三年前有人告诉我，今天我将如眼前这般，目睹对我们自己制定的法律和宪制的可怕反抗，我会觉得他是疯了——该送到精神病院去。"他接着写道，如果政府"萎缩或无力执法，无政府主义和混乱就必然盛行" [4]。1786 年 12 月，华盛顿写信给其副官戴维·汉弗

[1] 谢司的许多追随者都是独立战争的退伍人员，他们在军队服役时，几乎没有领到薪水或获得开销补偿。商人们向他们发放贷款后，为收回款项，开始对他们提起诉讼（通常是剥夺抵押品赎回权）。商人和银行均拒绝向农民发放信用和抵押贷款，然而商人们又要求农民今后以现金支付一切商品和服务。流通现金如此稀缺的情况下，这种对硬通货的要求，最终将一般借贷者置于不切实际的偿付进度之下。谢司及其追随者要求马萨诸塞开印更多现金，以减轻货币短缺。

[2] 托马斯·杰斐逊则有不同观点。在写给麦迪逊的一封有关谢司起义的信中，杰斐逊说："我认为，不时地有一点叛乱是好事；这对于政治世界是必要的，就好比风暴对物理世界的必要性一样。" Thomas Jefferson to James Madison, June 30, 1787. *See* J. P. Gordy, *A History of Political Parties in the United States*, vol. 1 (Henry Holt and Company, New York, 1900), p. 134。

[3] Stephen Higginson to Gen. Henry Knox, November 25, 1786, Michael J. Klarman, *The Framers' Coup: The Making of the United States Constitution* (Oxford University Press, New York, 2016), p. 96.

[4] George Washington to Henry Knox, December 26, 1786, John C. Fitzpatrick, ed.,*The Writings of George Washington*, vol. 29 (Government Printing Office, Washington, D.C., 1939), p. 121.

莱斯（David Humphreys）将军。他在信中叹道："仁慈的上帝啊！人是怎样的造物，其行为竟可以如此反复无常、表里不一？不久以前，我们还浴血奋战，只为生活在如今的宪法之下——我们亲手选择并缔造的宪法；如今我们却拔剑而起，企图推翻它。"[1]

在营造制宪会议的民众支持方面，新闻报道发挥了关键作用；不认识到这一点，就无法对制宪会议召开的诸因素进行完整叙述。蔓延整个国家的经济和财政问题被突出报道之后，普通公民们萌发了一种共识，即有必要对国家的治理体系大力整饬一番。马萨诸塞州的一份报纸写道："1774年到1782年间，使团结的美利坚独树一帜的是坚毅、自信和伟力。为重拾这些，我们坚持不懈，艰苦奋斗，却鲜有成效。因而，现在是时候缔造一个新的、更强大的联盟了。"[2] 有些新闻人则更进一步，警告说若不加强中央政府，外国的侵略亦有可能到来。如一位马萨诸塞州的作者所问："现在还有什么能防止我们受外人统治呢？唯有他们根本不屑于占领此地。"[3] 到1787年2月初，有6个州已指派代表，将出席由安纳波利斯会议代表们提议召开的大会。

1787年2月21日，邦联议会通过马萨诸塞州代表的一份动议，同意呼吁各州选派代表出席新会议。议会先是引用《邦联条例》中的规定：允许"经邦联议会……和各州立法机关同意后，对其中内容进行修改"；又通过决议，呼吁召开一次会议，由各州"制订在各州看来必要的新条款，以应对联盟的危急状况"[4]。然而议会亦谨慎地声明，召集会议"唯一且公开的目的就是修订《条例》，并将相关改动和修订呈报议会及各州立法机

[1] George Washington to Henry Knox, December 26, 1786, John C. Fitzpatrick, ed., *The Writings of George Washington*, vol. 29 (Government Printing Office, Washington, D.C., 1939), p. 126.

[2] *Boston Independent Chronicle*, February 15, 1787.

[3] *Charleston (MA) American Recorder*, March 16, 1787.

[4] *Journals of the Continental Congress*, vol. 32, at 74.

关，由议会斟酌通过并由各州确认批准”[1]。对《条例》提出的任何修订都须先经议会同意，再交各州批准。此次呼吁后，又有6个州选派出参会代表。虽然无论如何，其中一些州可能都会派出代表，但议会的批准依然为会议增添了一层重要的合法性，否则在许多人看来，这将是各州间的一次法外会面。

[1] *Journals of the Continental Congress*, vol. 32, at 74.

第3章

联邦制宪会议

预计我们将闭门议事，并禁止传播有关会议事务的消息。就我个人看来，这是一种妥当的预防措施，以防在事成之前产生差错和误解。

——乔治·梅森（George Mason），1787年6月1日

代表们云集费城

联邦会议（Federal Convention）——后来称作制宪会议——在费城的宾夕法尼亚州议会（即如今的独立厅）举行；约11年前，也是在这里，另一群代表宣告美利坚脱离英国独立。尽管就代表们此行的目的而言，这栋建筑足够用了，但它当时的面貌，却不像如今明信片上通常所绘的那般富丽堂皇。

州议会始建于1732年。尽管自1735年起，宾夕法尼亚立法大会即在此召开，但直到1748年，全部结构才宣告完工。1777年9月到1778年6月间，英军占领费城。当时，建筑的一楼被英军用作营房，二楼被接管后改为美军战俘的病房。制宪会议代表即将会晤的地点，便是二楼。英军占领期间磕碰损毁的痕迹随处可见，楼顶的尖塔因朽坏不得不于1781年

拆除。到 1787 年时，州议会仍未修缮完好。建筑的地段在费城也并非上佳。州议会对门便是四层楼高的核桃街监狱（Walnut Street Jail），犯人对过路的行人呼求施舍，如不遂愿，就要诅咒谩骂。为代表们所做的唯一改进，是在议会门前的鹅卵石路上铺了一层松土，这样马车来往时的噪音就不会打扰到楼内议事的代表。

1787 年，费城本就是美国最重要的城市，是文化和各类成就的汇集之地。大街上各族裔人士熙熙攘攘，饭店、酒馆、公寓鳞次栉比，商人极为富有。然而费城也有另一幅景象，从中可见许多费城人生活之艰辛。费城 4 万人口中，多半生活贫困或濒于贫困，色情业遍布，疾病横行肆虐。当年 9 月气温奇高，热浪压人，为近 40 年之最。就是这座城市，成了美国"独立的摇篮"。

代表们的居住环境，尽管不像他们当中许多人所习惯的那样舒适，但还算宜居。弗吉尼亚的乔治 · 梅森是一位富有的种植园主，他向长子小乔治 · 梅森写信，描述其住宿待遇："这个城市住宿不贵。我们住在第 4 街的旧印度王后酒馆（其他 4 名代表也住这里）。这里住得很好，我们自己有不错的房间，而且每天只收 25 块宾夕法尼亚币，仆役和马费都包含在内，不包的是……烈酒和额外开销。这样我用自己的公共津贴就能满足花销，再多的，我也不需要了。"[1] 乔治 · 华盛顿最开始住在玛丽夫人府公寓，后来搬到同一条街上隔几栋建筑的罗伯特 · 莫里斯公馆，这是城中最上等的私人宅邸。

直到原定召开会议的 5 月 14 日，还只有来自弗吉尼亚和宾夕法尼亚的 8 名代表到会。尽管麦迪逊显然对代表们不守时感到失望，但还是勉强摆出好脸色。在写给当时的驻法公使托马斯 · 杰斐逊的信中，他承认"刚

[1] George Mason to George Mason, Jr., May 20, 1787, Online Library of Liberty, XV, www.oll.libertyfund.org/titles/1787 (hereinafter Online Library of Liberty); source: Max Farrand, ed., *The Records of the Federal Convention of 1787*, vol. 3 (Yale University Press, New Haven, 1911).

开始确实不如期望的那般准时”；但又信誓旦旦地告诉杰斐逊，“主要的原因是最近天气恶劣”，而非代表们缺乏兴趣。[1] 乔治·华盛顿则没那么包容，他在给侄子乔治·奥古斯丁·华盛顿（George Augustine Washington）的信里写道，其他代表的拖沓“让这里的代表们伤透了脑筋，他们无聊地等在这里，浪费宝贵的时间”[2]。他又向弗吉尼亚同乡阿瑟·李写信说，“这些人的迟到是对公共举措的严重妨碍，并且让那些准时抵达、不想无所事事的代表心情很糟”[3]。过了11天，到5月25日，大会才终于达到有7个州到场的法定最低限度。

会议召开的79天里，[4] 代表们彻底偏离邦联议会授予他们的具体指示。他们没有像授权规定的那样，对《邦联条例》仅仅提出“修改”，而是起草了一部全新的宪法，用以整体取代《条例》。代表们的路线转变是如此出人意料，选派代表参会的人要是早知如此，新宪法的主要缔造者们可能就不会被派去费城了。

一开始参会的共有29名代表，他们来自13个州中的12个。只有罗得岛州（被许多人蔑称为“流氓岛”）拒绝派代表前来（以三分之二的票数否决）。两年之后的第一届美国国会，将罗得岛的这一决定形容为“对任何形式的改革都怀有十足的敌意，竟在如此公认的紧要关头阻止选出

---

[1] James Madison to Thomas Jefferson, May 15, 1787, Online Library of Liberty, IX, www.oll.libertyfund.org/titles/1787 (hereinafter Online Library of Liberty); source: Max Farrand, ed., *The Records of the Federal Convention of 1787*, vol. 3 (Yale University Press, New Haven, 1911).

[2] George Washington to George Augustine Washington, May 17, 1787, ConSource. www.onsource.org/document/george-washington-to-george-augustine-washington; source: James H. Hudson, ed., *Supplement to Max Farrand's The Records of The Federal Constitution of 1787* (Yale University Press, New Haven, 1987).

[3] George Washington to Arthur Lee, May 20, 1787, Online Library of Liberty at XIV.

[4] 大会在以下日期不开会：周日，5月15日至5月24日，7月3日和4日，7月27日至8月25日。John R. Vile, *The Constitutional Convention of 1787; A Comprehensive Encyclopedia of America's Founding* (ABC-CLIO, Santa Barbara, CA, 2005), pp. 33–34.

代表”[1]。纽约州和宾夕法尼亚州常被指责为以邻为壑，正如一位新闻记者写道：“对纽约和宾夕法尼亚那种小家子气的政治、无能的妒忌和地方的利益，马萨诸塞究竟要忍受到什么时候？”但当问到邦联的低效应归咎于谁时，许多美国人会单指出一个：罗得岛。来自康涅狄格的戴维·达格特（David Daggett）是联邦制的主要拥护者，后被选为合众国的参议员。他毫不掩饰自己对罗得岛的鄙视。据信，他曾在 1787 年 7 月 4 日的一次公开演讲中说：“罗得岛的所作所为，即便是荒蛮野人也自愧不如。欺诈与不公在那里大行其道……这个蕞尔小州是政治机体中不规矩的一员，在所有了解它的人眼中，都是耻辱和笑柄。”[2] 詹姆斯·麦迪逊也对各州未能全部出席感到遗憾，不过他很快就把罗得岛的缺席轻描淡写过去了：“如果它（罗得岛）的代表把州里的那种局面带到这里，那么有他们做伴并不会使我们多快活，也不会推动事务的进展。”[3] 然而，并非所有罗得岛人都对会议怀有敌意。在写给弗吉尼亚州副州长贝弗利·伦道夫（Beverly Randolph）的信中，埃德蒙·伦道夫（Edmund Randolph）汇报说：“在罗得岛，也有相当一部分少数派，热切盼望他们的州加入会议中来。”[4]

被选派的 74 名代表中，有 55 人实际参加了会议；而每日到会的代表往往不到 40 人。其余的 19 位代表或是回绝了任命，或是由于这样那样的原因未能参会。[5] 出席会议的人，代表了 18 世纪美国的领导者。55 名

---

[1] John Marshall, *The Life of George Washington, Commander in Chief of the American Forces*, vol. 2 (C.P. Wayne, 1805), p. 125.

[2] Charles Warren, *The Making of the Constitution* (Little, Brown & Co., Boston, 1937), p. 132, fn. 1.

[3] James Madison to James Monroe, June 10, 1787, Michael Klarman, *The Framers' Coup: The Making of the Constitution* (Oxford University Press, Oxford, 2016), n. 30.

[4] Edmund Randolph to Beverly Randolph, May 27, 1787, William D. Palmer, ed., *Calendar of Virginia State Papers from January 1, 1785 to July 2, 1789*, vol. 4 (Legislature of Virginia, Richmond, 1884), pp. 290–291.

[5] Max Farrand, ed., *The Records of the Federal Convention of 1787*, vol. 3 (Yale University Press, New Haven, 1911), pp. 557–559 [hereinafter *Farrand's Records*].

代表中，几乎每个人都是其所在州的政治头面人物。有 41 人曾经或当时仍担任大陆会议的议员，其中华盛顿和麦迪逊二人之后成为美利坚合众国的总统。代表中有 5 人曾参加安纳波利斯会议，34 人学过法律，7 人在各州担任过行政首长，8 人曾在《独立宣言》上签字，21 人曾为独立战争效命。不过，尽管这些代表充分反映了 1787 年美国政治阶级的面貌，他们却并非美国更广大群体的缩影。女性、自由黑人或其他的少数族裔均不在此列；不够“有产”的白人男性亦被排除在外。就如一位历史学家所言，这是一次“优生、优养、优学、优婚者的会议”[1]。

会议的构成如此，并不令人意外。就治理水平和政治观念看，美洲殖民地还远远称不上民主。确实，连“民主”二字本身也带有某种贬义，让人联想起混乱失序、庸人当政乃至暴民统治的种种景象。尽管 13 个州对选举权的规定各异，但选举权通常只限于 21 岁及以上的白人男性有产者。大多数有选举权的人不仅认可这些限制，而且反对任何扩大选举权的做法。约翰·亚当斯早些年写道，赋予更多美国人选举权不会有任何好处：“选民资格的修改将为争议和口角创造丰盈的源泉，这是相当危险的举措，而且将一发不可收拾。新的要求将会接踵而来，女人会要求投票权，12 岁到 21 岁的小伙子会觉得他们的权利未获足够重视，而那些口袋里一分钱也没有的男人，也会要求拥有与别人同等的发言权，对国家政策评头论足。这种做法倾向于混淆和消灭一切区别，把所有阶层压制到同一层次。”[2] 无疑，这样的精英心态，在很大程度上解释了他们何以轻松地作出决定，将公众拒于会场之外。

尽管代表们有相似的背景，但他们接到的指示却不尽相同，这通常取决于其所在州的大小。“会议的各路代表来自不同的势力，”卢瑟·马丁（Luther Martin）评论道，“依我看，其中绝大多数背后的势力，都与

---

[1] James McGregor Burns, *Transforming Leadership* (Grove Press, New York, 2003), p. 83.

[2] John Adams to James Sullivan, May 26, 1776, Robert J. Taylor, ed., *Papers of John Adams* (Massachusetts Historical Society, 1979), pp. 209–213.

这个州（马里兰）类似。”比如，来自小州特拉华的代表就“得到明确指示，如要取消原版本《邦联条例》所确定的（小州的）平等选举权，则不能接受”[1]。

虽然云集于费城的这些人有诸多共同之处——财富、教育以及大体上优人一等的背景——但他们在政治上却并不是一条心。大陆会议的代表们也曾如此，每个人都带有自己的想法、经历、偏见和政治倾向。大会的组成如此多样化，以致本杰明·富兰克林在大会的最后一天评论道：“……因此我很惊讶于发现，(政府）这个体制竟能像现在这般臻于完善。”[2] 尽管代表们有尖锐的分歧，但他们大多拥护政治自由的原则。所有人都致力于建立一个将个人权利置于首位的宪制共和国（constitutional republic）——一个由被统治者运作、得到其支持的政府。当代表们发生争议时——这种事并不罕见——分歧往往在于如何最好地实现这一指导原则。

乔治·华盛顿被宾夕法尼亚的罗伯特·莫里斯提名为此次新会议的主席，并全票当选。作为备受拥戴的民族英雄，华盛顿的存在大大提升了会议的地位和合法性。华盛顿于5月13日抵达费城，《宾夕法尼亚邮报》（*Pennsylvania Packet*）于次日报道称：“昨天华盛顿将军阁下……抵达。他远远地就受到迎接，并由骑兵护送入城。当他进入城门时，礼炮齐响，众人向他致敬。人们迎接这位杰出的正人君子时，喜悦之情在欢呼声和钟楼的鸣奏中表露无遗。”[3]

华盛顿最初并不热心于参加这次会议。他已为美利坚独立战争尽忠职守，到如今，他（时年55岁）只想在弗农山庄（Mount Vernon）自己钟

[1] *Farrand's Records*, vol. 3., “Report Delivered by Luther Martin to Maryland State Legislature,” App. A (December 28, 1787).

[2] William Temple Franklin, *Memoirs of the Life and Writings of Benjamin Franklin* (London, 1818), p. 197.

[3] *Pennsylvania Packet and Daily Advertiser*, May 14, 1787, cited in John P. Kamkinski and Jill Adair McCaughan, *A Great and Good Man: George Washington in the Eyes of His Contemporaries* (Madison Hope Publishers, Madison, WI, 1989), p. 83.

爱的家中度过余生。1787 年 3 月，华盛顿在给埃德蒙 · 伦道夫的信中解释说，他担心如果参会，将被人“指责前后做法不一；因为我在公开宣告隐退后，却又一次登上公共舞台；而且我怕，这会使我又被卷噬到公共事务的波涛当中，而我此时正万分需要并渴望退休和宁静”。尽管华盛顿想继续过退休生活，但最终还是被说服，决定回去服务国家。“当我的朋友们表现出一种不同寻常的热忱，似乎希望我参加到这一场合中时，我便决意赴约。”[1] 但即便这时，华盛顿对会议能否成功仍然毫无把握，据信他曾这样告诉宾夕法尼亚的古弗尼尔 · 莫里斯（Gouverneur Morris）：“我们提出的计划或将无一得到通过，这种可能性极大。也许会有另一场糟糕的冲突延续下去。这件事就要看上帝的旨意如何了。”[2]

作为会议的主持者，华盛顿极少参与会场辩论。他一共只投过 5 次票，全是因为假如没有他的那张票，弗吉尼亚代表团的票数就会持平。而到会场之外，华盛顿就和其他代表们相当热络起来；但他不把自己的观点强加于人，而是通常采取以妥协为主的办法，如果在某个问题上搁置自己的看法能达成共识，他往往就愿意这样做。

威廉 · 杰克逊（William Jackson）少校是南卡罗来纳的一位退伍军人，他向华盛顿申请担任大会秘书一职，并得到任用。杰克逊所记的日志包括大会全会和全体委员会两部分，但和之前的汤姆森一样，杰克逊对会场辩论或其他程序事项只字不记。他笔下的官方日志只显示正式的动议，和按州（而非按人）列表统计的点名投票结果。而且，只有大会代表才有资格接触会议的官方日志。[3]

虽然在会议期间（实际上还包括此后许多年），日志被隔绝于公众的

[1] George Washington to Edmund Randolph, March 28, 1787, Jared Sparks, ed., *The Writings of George Washington* (Russell, Odiorne, and Metcalf, Boston, 1835), p. 244.

[2] Max Farrand, *The Faming of the Constitution of the United States* (Yale University Press, New Haven, 1913), p. 66.

[3] Daniel N. Hoffman, *Governmental Secrecy And The Founding Fathers: A Study in Constitutional Controls* (Greenwood Press, Westport, CT, 1981), p. 21.

监督之外，但代表们确实采取了一些措施，以保证他们行动的官方记录基本准确——而不是像之前两次大陆会议中那样被大幅修订。尽管这一提高公开度的举措反映了大会中多数人的意见，但它并未得到所有代表的一致赞成。一些人倾向于延续之前的做法，即公开日志之前先对其做些“准备”。南卡罗来纳的查尔斯 · 平克尼（Charles Pinckney）为此提出动议，建议指派一个委员会负责“监管备忘录”。平克尼的提议得到了一些支持，不过最终还是被驳回了。以古弗尼尔 · 莫里斯为首的反对者赢得此役，他们的论据是“会议记录归属于立场公正的大会秘书”；他们警告说，“委员会在依照其观点和愿望修改记录时，可能存在私利或偏见”[1]。于是，大会的备忘录便照秘书杰克逊所记录的原样保存下来。

会议期间的保密制度

保密制度在大陆会议中已是一项突出特点，此时更是如此。自一开始，代表们便处于严格的保密规定之下。开会时，会场大门紧闭、窗帷低垂[2]，武装哨兵在州议会的大楼内外警戒守卫。有时为保守机密，还要采取额外措施。本杰明 · 富兰克林是出了名的健谈，对制宪会议的工作往往谈论过多。鉴于他的这种天性，大会常常“另外安排代表”参加他的晚宴，每当感觉富兰克林要在会议工作的话题上多言时，他们便把谈话岔开到别的方向。

尽管代表们不像在大陆会议时那样被要求以个人名义起誓保密，但华盛顿将军要代表们谨记：“这里说过的话、记下的字，不可向包括家人在内的任何人透露，直到我们永久休会为止。”华盛顿警告说：“流言和误解能够轻易地使我们这个夏天的辛劳工作化为泡影。”直到会议最后一日，

[1] *Farrand's Records*, vol. 1, p. 17.

[2] 帷幕垂下不仅可以保护私密性，还能防止大量苍蝇进入会场。

当新宪法已获通过并签署后，华盛顿的“保密令才被解除”。

代表们都很清楚，华盛顿对待自己的保密令，态度十分严肃。据佐治亚代表威廉·皮尔斯（William Pierce）说：“刚开会的时候，有一位不知名的代表（在会议室外）掉了一份提案（弗吉尼亚计划）的副本，而这份提案正处在大会商讨阶段。另一名代表（康涅狄格的托马斯·米夫林 [Thomas Mifflin]）捡到它，交给了华盛顿将军。一直到当天辩论结束为止，华盛顿对此都不置一词。而正当要提出散会时，华盛顿从座位上站起来，开始斥责那位粗心大意的代表。‘我必须恳请各位先生多加小心，以免我们商量的内容见诸报端，让一些不成熟的猜想扰乱了公众的安宁。我不知道这是谁的文件，但它就在这里（掷到桌上），是谁的，谁就拿去吧。’说罢，他便鞠躬，然后拿上自己的帽子，堂堂正正地离开了会议室；面对他的威严，所有人都深为警醒……值得一提的是，那份文件最后没有人认领。”[1]

华盛顿所坚持的保密制度，由负责“制订议事规则与程序”的委员会，正式编入条文。该委员会于 5 月 29 日提出了两项规则，其目的十分明确，就是要确保大会商议过程的机密性：第一，“议事厅内所说的一切，均不得擅自印制、出版或流传”；第二，“未经大会同意，在会议期间不得抄录会议日志中的任何记录”。[2] 这两项规则都由南卡罗来纳代表皮尔斯·巴特勒（Pierce Butler）提出动议，并获通过。巴特勒对其他代表解释说，有必要采取这些规则，以防止“对会议内容的肆意公开”[3]。卢瑟·马丁之后在向马里兰州代表报告时，将保密规则总结为“在未正式提出并获

[1] Washington Irving, ed., *The Life of George Washington*, vol. 4 (Cosimo Classics,New York, 2005), pp. 105–106.

[2] Jonathan Elliot, ed., *Debates on the Adoption of the Federal Constitution*, vol. 1 (Burt Franklin, New York, 1888), p. 143.

[3] Joseph C. Morton, *Shapers of The Great Debate at The Constitutional Convention of 1787* (Greenwood Press, Westport, CT, 2006), p. 48, n. 1 [citing *Farrand's Records*, vol. 1, pp. 13, 15].

得大会的投票同意之前，连抄录大会正在讨论的决议或任何形式的日志摘要也是不允许的”[1]。华盛顿在自己的日记中提到大会对这些规则的采纳，但他的文字很简略，也未加润饰：“为大会秩序而设立的委员会所提出的规则，得到一致通过……不关门不议（事）。”[2] 虽然并非所有代表都充分领会了保密规则的重要性，但采纳这一规则，是制宪会议所作的最关键程序性决定。

大会的保密规则建立在两方面的合法性上。第一，同第一次大陆会议的保密理由一样，为促进坦率、有见地的辩论，应对会议内容保密。这将有利于与选民拉开距离，防止代表在公众的压力下固执己见。数年后，詹姆斯·麦迪逊写道：“要是代表们一开始便公布承诺，那之后就认为有必要固守自己的立场，以保持前后一致。然而在秘密的讨论中，如果某人不再满意于自己立场的正当性和正确性，他不会觉得自己有义务维持原来的观点。”[3] 在费城的《国民公报》（*National Gazette*）上，亚历山大·汉密尔顿化名“阿米古斯”（Amicus）发表观点，认为会议若没有保密规则，“每一位演说者，如果自信不会犯错，并把自己的想法当作完美的标准，那么哪怕只是被其他代表稍稍冒犯，都会对冒犯者施以过分的或缺乏同情的斥责”[4]。由于只有成品才会向大众公开，因此代表们可以无拘无束地提出多种观点，甚至激进的观点，而不必为此担心，也不用“为了在后世子孙

---

[1] Luther Martin's Speech Before the Maryland House of Representatives, January 27, 1788, Jonathan Elliot, ed., *Debates in the Several State Conventions on the Adoption of the Federal Constitution*, vol. 1 (J.B. Lippincott & Co., Washington, D.C., 1863), p. 345.

[2] James H. Hutson, ed., *Supplement to Max Farrand's The Records of The Federal Convention of 1787* (Yale University Press, New Haven, 1987) p. 25 (hereinafter *Farrand Supplement*); George Washington Diary, May 28, 1787, George Washington Papers at Library of Congress, 1741–1799.

[3] John P. Kaminski, *Secrecy and the Constitutional Convention*, p. 11, n. 11 (University of Wisconsin, Madison, 2005, p. 11, n. 11).

[4] Alexander Hamilton (*Amicus*), *National Gazette*, September 11, 1792.

瞻仰的陈列中展示出最好的一面”[1]，而曲意迎合。詹姆斯·麦迪逊甚至相信，假如会议的辩论向大众公开，宪法就不会在会议上获得通过。在麦迪逊看来，为“使会议和民众免于听受上千种错误且也许有害的报道”[2]，保密规定有必要存在。不过他也承认：“对朋友们的好奇心，我不得不报以扫兴的回答，这使我倍感窘迫。”[3] 在给托马斯·杰斐逊的信中，麦迪逊提到他对这种好奇心的认识：“大众对于这件事有一种急不可耐的情绪，各种报道四处流传，激起了人们的好奇。”[4]

弗吉尼亚的乔治·梅森，如今被视为公民自由最早的提倡者之一，指出了制宪会议第二项保密规则的合法性。在保密规则通过前两天，他向儿子写信称：“预计我们将闭门议事，并且禁止传播有关会议事务的消息。就我个人看来，这是一种妥当的预防措施，以防在事成之前产生差错和误解。事成之前的整个面貌可能与成品大不相同，如果以原始形态呈现给公众，那就会显出许多粗糙、杂乱的部分。”[5] 北卡罗来纳的代表亚历山大·马丁（Alexander Martin）与梅森所见略同，他在写给本州州长的信中说道：“这被看作是审慎的预防手段，以求最大限度地减少不利的报道。冒失的媒体会报道许多尚未成形的事务和事实，而它们在完成之前的状态，可能给过于轻信别人又不善思考的大众造成不恰当的印象。”[6]

毫无疑问，人们不免认为，密会的决定可被视作代表们某种反民主偏见的例证；毕竟对这个新国家而言，代表们的工作可谓生死攸关。代表们尽管自视以人民的名义行动，却不愿让人民检视他们手头的工作，

[1] Gordon S. Wood, *The Creation of the American Republic 1776–1787* (University of North Carolina Press, Chapel Hill, 1969), pp. 142–143.

[2] *Farrand Supplement*, p. 67.

[3] *Farrand Supplement*, p. 67.

[4] James Madison to Thomas Jefferson, July 18, 1787, R. Worthington, ed., *Letters and Other Writings of James Madison*, vol. 1 (New York, 1884), p. 334.

[5] George Mason to George Mason, Jr., June 1, 1787, *Farrand's Records*, vol. 3, pp. 32–33.

[6] Alexander Martin to Gov. Richard Caswell, July 27, 1787, *Farrand's Records*, vol. 3, p. 64.

更别说让人民发表意见了。然而，制宪会议并非立法机关，制宪会议的代表之所以被派来费城，并不是要替人民的意志发声，而是要草拟一份新宪法，随后将其呈送给人民在邦联议会和各州的代表。因此，人民的意愿并未被忽视；只是推迟了对它的考虑而已。从这个角度看，关门议事的决定可能并不如第一眼所见那么反民主。而且，代表们并没有把制宪会议当作新政府运作的理想模式；确实如此，在构筑新的宪法框架时，代表们在其中小心翼翼地嵌入了一条原则，即作为政府统治基础的法律，必须经被统治者知情并同意——这与他们在制宪会议中采纳的程序截然相反。

即便是那些没有代表身份，因而被保密规则遮蔽视听的人，也大多承认保密的必要性。马萨诸塞州在邦联议会的代表内森·戴恩（Nathan Dane）当时正在纽约开会，他致信身处费城的邦联议会议员兼制宪会议代表鲁弗斯·金（Rufus King），声称自己明白“会议限制代表交流其工作内容的命令是合理的，尽管我对会议的进展感到好奇，并且十分渴望知悉内情。我认为，公众永远不该看到会议最终报告之外的任何东西——只该看到从商议和调查中抽离出来的结果。不论胜出的是南部、东部还是中部州的方案，依我所见，胜负都应永远不为人知”[1]。弗吉尼亚的爱德华·卡林顿（Edward Carrington）也是邦联议会的议员，他认为，以零散形式向公众透露会议工作的做法存在风险。他致信詹姆斯·麦迪逊说：“如果你们的观点是成熟的，而且以集体的形式呈现，会很适合向公众展示，也会赢得一些拥趸；但如果在支离破碎、远未成熟的状况下，被人抓个正着，那它实际上就会成为无知和误解的受害者。”[2] 弗吉尼亚的大法官埃德蒙·彭德尔顿（Edmund Pendleton）也对大会的保密政策表示支持，他解释说，这

[1] Jude M. Pfister, ed., *Charting an American Republic: The Origins and Writing of the Federalist Papers* (McFarland & Company, Jefferson, NC, 2016), p. 127.

[2] Edward Carrington to James Madison, June 13, 1787, Robert A. Rutland et al. eds., *The Papers of James Madison*, vol. 10 (University of Chicago Press, Chicago, 1977), pp. 52–53.

一政策“不仅有利于在会场中营造气氛，激发代表们的热情、想象和畅所欲言……也同时防止……那些已有特定主张的先生们把工作中的细节搅得一团乱，使公民因误解而形成对代表们工作的偏见”。围绕代表们的保密制度，使他们能够“以完美的状态，将工作呈现给公众”。[1]

大多数情况下，制宪会议的代表们看起来是认真遵守保密规则的。不论是通过代表的通信，还是他们在州议会外的闲聊，泄露给外界的大会日常工作信息都少到令人吃惊。即便如理查德 · 亨利 · 李——他是许多代表的好友和长期同事——也被蒙在鼓里。在去纽约参加邦联议会的路上，李曾在费城停留，然而他所能寄回家中的唯一消息却是：“我发现费城的会议非常忙碌、非常隐秘。”[2] 乔治 · 华盛顿坚守了自己的告诫。在私人日记中，他对天气和晚餐场所写了不少，但只字不提任何有关会议工作本身的实质性内容。华盛顿的日记里，关于会议的记载仅有“在会中”或“参会”两种表述。比起其他代表，詹姆斯 · 麦迪逊在私人笔记中对会议每日活动[3]的记载最为详细，但他也忠实地遵循着保密规则，以致对家人和朋友都隐瞒有关会议的信息。麦迪逊的堂兄，即威廉玛丽学院的院长就曾向他抱怨消息的管制。“如果你不能告诉我们你在做什么，”麦迪逊的堂兄写道，“至少也告诉我们你没有在做什么吧。这样也许就能满足目前的躁动

[1] Edmund Pendleton to James Madison, August 12, 1787, David B. Mattern et al. eds., *The Papers of James Madison*, vol. 17 (University of Virginia Press, Charlottesville, VA, 1991), pp. 518–519.

[2] Richard Henry Lee to Arthur Lee, July 14, 1778, Moncure Daniel Conway, *Omitted Chapters of History Disclosed in the Life and Papers of Edmund Randolph* (G. P. Putnam's Sons, New York, 1888), p. 86.

[3] 麦迪逊在引言中，描述自己如何作笔记。“为完成这一任务，我假装自己在负责主持的代表面前落座，其他代表均在我的左右两边。处于这种有利位置，我能听到传来的一切声音，以易读的文字、缩写和我自己能够辨认的记号，记下主席台上的念稿或代表的讲话；在休会与复会间，我不浪费任何时间，这样我才得以写出每日记录……使它们呈现出我手头文件这种程度和形式。”出自：*Farrand's Records*, vol. 1, p. xvi (quoting Madison's introduction).

情绪了。”[1] 没有证据显示麦迪逊满足过他的这一请求。作为最后一位离世的制宪会议代表，麦迪逊甚至要求，不许人们在其生前公开他的会议笔记。1840 年麦迪逊的笔记公开之前，有关制宪会议的信息大多来自罗伯特·耶茨（Robert Yates）保存的笔记。耶茨是纽约州的反联邦主义代表，他的笔记涵盖 1787 年 5 月 25 日至 7 月 10 日这一段时间，被多数历史学家看作是“第二重要”的笔记。这一笔记是于耶茨身后的 1821 年发表的。

关于保密规则最值得一提的，可能倒不是大会代表们多么迅速而乐意地采纳它，而是代表们在遵守它时竟如此小心谨慎，不越雷池半步。当然，偶然的违反也是有的，但大会的保密规则依然得到会内外的广泛支持。麦迪逊向杰斐逊报告称，自己没有发觉“对于隐藏消息的……任何不满”[2]。麦迪逊基本是对的：保密规则确实得到了超常的支持——尽管也有一些突出的反例。卢瑟·马丁是来自马里兰州的一位代表，他就对围绕会场的极端保密制度表示反对，认为它使代表无法向非代表人士征询意见。在马里兰议会的一次讲话中，马丁哀叹道：“这条规则管得如此之宽，以致我们完全没办法与不同州的人士通信，交流我们在会议中讨论的问题。坦白讲，先生们，我对这种状况感到很惋惜。”他又说：“我并不知道，本州或其他州的一切智慧、品性和美德，是否都已荟萃于会场之中。我多希望当时能与我们州或者其他州的杰出人物自由、秘密地通信啊——不是说要无保留地听他们指示，而是对他们的意见给予应有的重视和考虑。”[3] 后来在纽约州举行宪法批准会议时，一位反联邦主义作者在《一介庶民》（*A Plebeian*）的文章中，也提出了相同的批评，称会议的过程“被密不透风地隐藏起来……（使）其他有识之士失去了对会

[1] The Rev. James Madison to James Madison, August 1, 1787, Robert A. Rutland et al. eds. (University of Chicago Press, Chicago, 1977), pp. 120–121.

[2] Madison to Jefferson (Philadelphia, July 18, 1787), *Ibid*., pp. 105–106.

[3] Luther Martin's Speech Before the Maryland House of Representatives, January 27, 1788, Jonathan Elliot, ed., *Debates in the Several State Conventions on the Adoption of the Federal Constitution*, vol. 1 (J.B. Lippincott & Co., Washington, D.C., 1836), p. 345.

议事务发表意见的机会”[1]。

托马斯·杰斐逊当时任美国驻巴黎公使，他从一个更高的角度反对保密规则对信息的压制。在写给时任驻英公使约翰·亚当斯的信中，杰斐逊说："他们在召开会议时开创了如此恶劣的先例，竟要封住代表们的口舌，我对此感到遗憾。要解释这种做法，只能说他们意图是清白的，而对公共讨论的价值是无知的。"[2] 他对麦迪逊也发出同样的抱怨，后者则试图这样解释保密规则："为将公正的讨论限于门内，将误解和曲解隔绝在外，需要设立一些规则……在较长一段时间内限制会议内容的传播，甚至包括限制代表的私密通信——我们认为这是便捷的做法。"[3] 之后麦迪逊确实向杰斐逊保证，"一旦限制解除，我会尽力为自己的沉默进行补救"[4]。没有记录显示他后来这样做过。

虽然绝大多数代表遵循了保密规则，但有一些人确实违背了它，尽管他们通常是无意的。佐治亚州代表威廉·皮尔斯离开会议并回到邦联议会后，认为自己不再受到保密规则限制，便将闭门会议中发生的事情向其他几位议员透露了一些。纽约州的 2 名代表在 7 月初离会，他们认为保密规则对不准备返回费城的代表不构成约束，于是向纽约州州长乔治·克林顿（George Clinton）报告称，宾夕法尼亚州议会大门内正在秘密拟就一部截然不同的新宪法。[5] 新罕布什尔州的代表尼古拉斯·吉尔曼（Nicholas Gilman）在会议开始后 2 个月才抵达（因而未能聆听华盛顿的严厉告

---

[1] *A Plebeian*, "An Address to the People of the State of New York" (April 17, 1788). 这本 26 页的小册子被分为 4 期，刊印在 5 月 23、24、27、28 日的费城《独立索引》（*Independent Gazetteer*）上。

[2] Thomas Jefferson to John Adams, August 30, 1787, *The Diplomatic Correspondence of the United States*, vol. 2 (Blaire & Rives, Washington, D.C., 1837), p. 83–84.

[3] James Madison to Thomas Jefferson, June 6, 1787, Sidney M. Milkis and Michael Nelson, eds. *The American Presidency* (CQ Press, Los Angeles, 2016), ch. 1, n. 26.

[4] James Madison to Thomas Jefferson, June 6, 1787, Robert A. Rutland et al. eds. (University of Chicago Press, Chicago, 1977), pp. 105–106.

[5] *Farrand Supplement*, pp. 41–42.

诫)，显然在他看来，保密规则也容许一定的灵活性。吉尔曼写道 ：“由于保密的要求并不出于每个人对自身的审慎要求之外——于是我在给兄弟约翰的一封信中……向他（为了满足两三个不会公开此事之人的愿望）暗示了一些关于国家政府方案的总体原则。这个方案可能要提交上去——不是提交给各州立法机关，而是经邦联议会批准后，提交给各州代表，召开一次或数次大会，由他们在会上审议并作出决定。这些代表由各州立法机关举荐，由人民公开选举产生。”[1] 马萨诸塞州的制宪会议代表纳撒尼尔·戈勒姆（Nathaniel Gorham）向正在议会开会的内森·戴恩写信说，“我不确定自己是否有谈及会议进展的自由……不过对你我可以私下说，他们已经——就我看来——一致同意要设立国家的立法、行政和司法机关”[2]。同时，北卡罗来纳的代表威廉·布朗特（William Blount）也向家中的兄弟传达了与会议有关的零星信息。[3] 在其他一些例子中，也有人泄露过代表们的工作，不过往往是无心失言所致。然而，尽管偶有违反规则的状况，绝大多数的代表仍对会议的工作守口如瓶，几乎未透露任何信息。

被蒙在鼓里的不只是公众。由于代表们被噤声，大会的保密规则实质上也限制了媒体的声音，以免其发挥塑造舆论的作用，左右大众对于会议现状和未来走向的态度。媒体除了无关紧要地报道些代表的到会和离会，几乎就没有对于会议活动的实质性报道。1787 年 6 月 2 日，《宾夕法尼亚先锋报》（*Pennsylvania Herald*）刊出一则评论，对在具有如此显要和重大国家意义的事务上，该报遭到屏蔽而表示恼火 ：“他们的议程如此秘密、如此慎微……以致代表们之间都难以形成沟通的习惯，他们又尤其注重打消公众的好奇心，一有官员进入，就会暂停所有的辩论。”《宾夕法尼亚邮报》也指责代表们将人民隔绝于议程之外 ：“在这个召开会议决定邦联命

[1] Nicholas Gilman to Joseph Gilman, July 31, 1787, “Annual Report of the American Historical Association,” vol. 1 (Government Printing Office, Washington, D.C., 1903), p. 91.

[2] Nathaniel Gorham to Nathan Dane, June 3, 1787, www.consource.org/document/nathaniel-gorham-to-nathan-dane-1787-6-3.

[3] William Blount to John Gray Blount, June 15, 1787, *Farrand Supplement*, p. 76.

运的非常时刻，对这个可以立即满足人民好奇心并汇集人民声音的中介渠道，他们却要支走或破坏，这不是危险而失策的吗？”然而，也有报纸对会议及其工作表现出更多的信任。1787 年 7 月 28 日，《宾夕法尼亚先锋报》写道：“基于寄托在代表们身上的普遍信心，但愿全美利坚的人民已经准备好以敬重的心态，以尽可能坚忍顽强的态度，来迎接那些以智慧和爱国情操著称的人们所提出的方案。”

虽然各路报纸都渴望得到会议的消息，但大多数愿意“认可禁止人们无差别参与会议讨论的做法”。《马萨诸塞哨兵报》曾一度试图安抚民众，劝他们不要担心州议会的密室中存在什么邪恶的勾当。“汝等美利坚的人民，从心底赶走猜疑和不信任的魔鬼吧，它们已为害甚久！安心吧，汝等所推选的代表但凡有一线希望，都将尽忠救国，他们是汝等可信赖之人。”但即便如此，就像某报社论所写的那样，人们仍旧广泛希望“会上的秘密商议能成为新闻报道的附注，因为处理这项重大事务时的任何神秘表现，都必然促使公众的焦虑增长”[1]。会议临近尾声时，一份名为《宾夕法尼亚新闻和广告周报》（*Pennsylvania Journal and Weekly Advertiser*）的报纸，甚至对代表们谨守规定的做法表达了某种钦佩之情：“这些人创设了严格的保密规则并能始终恪守，这至少证明了他们的忠诚；因为我们相信，很难再举出一个例子，能够在如此庞大的人群中成功采取相同的措施。”[2]

尽管会议周围有着严格的保密制度，费城的报纸仍不时报道一些有关州议会密室中的消息；不过，这只在大会代表认为当天有必要将某事付诸报刊时才有可能。1787 年 8 月 18 日，《纽约每日广告商报》（*New York Daily Advertiser*）发表一则文章，称制宪会议正考虑建立一种君主制，迎立奥斯纳伯格主教（Bishop of Osnaburg）、英王乔治三世的次子弗雷德里克 · 奥古斯塔斯（Frederick Augustus）为王。报道引述了一封流传于康涅

---

[1] *Pennsylvania Herald*, June 2, 1787.

[2] *Pennsylvania Journal and Weekly Advertiser*, October 6, 1787.

狄格州的政治信函，信中说会上正在讨论这种方案。亚历山大·汉密尔顿确信，整件事都是“编造出来煽动人们对会议猜忌的，目的是反对会议的主张”[1]。然而，由于美国人千辛万苦才从英王统治下赢得独立，因而即便只是一则新王复辟的谣传，也令代表们别无选择，只得出来打破沉默。于是他们非正式地授权《宾夕法尼亚先锋报》公开一则声明，向公众担保说：“虽然我们不能正面告诉你们我们在做什么；但反过来，我们可以告诉你们我们没有做什么——我们从未想过立一个王。”[2] 尽管在遵守保密规则时偶有疏漏，但在宾夕法尼亚州议会门外，人们对新宪法的认知仍然局限于一个宽泛笼统的概貌。除了那些获准接触会议工作文件的印刷商，只有代表们自己，才知晓这份日后美国新宪章的完整细节。

对保密问题的处理

从第一次大陆会议到邦联议会的近 14 年间，会议大门始终对公众关闭。大会制定的法规通常会在某一时刻向大众公布，但对于大会讨论过而未采纳的其他方案，以及为确保提案获得足够赞成票，而时常进行的妥协和交易，公众几乎是一无所知。在许多方面，一般的美国人——尤其是不住在纽约、波士顿和费城这些东北部人口中心的居民——对大会内部状况的了解，还不如对先前英国治下议会的内部运作方式知道得多。

尽管各州都存在提高政府公开度的趋势，但制宪会议的代表们并未费心费力，来处理新国家政府的开放性和保密制度问题。虽然宪法的确要求国会公布会议记录，但至于记录中包括什么，则基本交由国会自行裁量。而且，虽然许多州的宪法都规定，立法会议应向公众开放，但对是否允许

[1] John Church Hamilton, *Life of Alexander Hamilton*, vol. 3 (Houghton, Osgood and Co., Boston, 1879), p. 330.

[2] *Pennsylvania Herald*, August 18, 1787.

公众进入国会旁听，制宪会议根本未予解答，对行政部门可在多大限度内秘密执行公务，也未作规定。

1787 年 7 月 24 日，制宪会议指派 5 名成员组成细则委员会（Committee of Detail），由南卡罗来纳的约翰 · 拉特利奇主持。该委员会的任务是，汇总过去 2 个月来，会议讨论过的而且获得多数同意的所有要点，并组成一个单一文件。该文件实质上就是一份宪法草案，之后代表们将以此为基础进行最终辩论。在处理宪法草案的许多条款时，为解决保密问题，委员会先以《邦联条例》作为初始参照。

《邦联条例》规定，“条约、联盟或军事行动，依相应判断需要保密”，除此以外，大会的议事内容必须进行记录并每月公布。然而，日志的发布范围仅限于“各州的立法机关”。因此，《条例》中向各州发布大会工作信息的模式，不管是否令人满意，都无法适用于新宪法，因为至少对于当时的众议院而言，人民——而非各州——才是主要的票仓。

细则委员会的最终报告于 1787 年 8 月 6 日提交大会。此前，他们拟定的这份宪法草案，已交由费城著名的出版商约翰 · 邓拉普（John Dunlap）和戴维 · 克莱普尔（David Claypoole）印刷。这两位同时也是《宾夕法尼亚邮报》的所有者。按照要求，邓拉普和克莱普尔只印出代表们所需的份数，并且不向他人透露草案的细节。两位印刷商亦被要求宣读保密誓言 :“我们两人，每个人都宣誓，关于我们所印刷的‘邦联的条款’，我们会将全部副本和印版都呈交给大会秘书，同时，我们不会直接或间接地泄露上述条款内容。”没有证据显示，邓拉普和克莱普尔曾违背诺言。

细则委员会的报告建议，《条例》所规定的国会在公布日志方面的自由裁量权，应被大幅削减。委员会宪法草案的第 6 条第 7 款规定，“众议院，以及参议院在履行立法职能时，应各自保存一份议事日志，并不时将其公开”。因此，委员会的草案未授予众议院任何保密的权力，而且随后将参议院的议事分为“立法”功能和“行政”功能（后者包括外交政策领域的审议），前者须记入公开日志，而后者则不必。这些行政事务将记入参议院的秘密行政日志。

细则委员会的草案呈交全会之后，被转给由亚历山大·汉密尔顿主持、5 人组成的风格与整理委员会[1]。汉密尔顿的委员会于 9 月 8 日成立，任务是将 8 月 6 日草案从 23 条浓缩到 7 条，并将其组织成一份完整文件，供会议最终讨论。然而，风格与整理委员会所作的一些修正，并不仅限于风格和整理。特别是，该委员会更改了 8 月 6 日的保密条款，授予参议院和众议院同等广泛的权力，允许它们从日志中排除特定事项。9 月 12 日，风格与整理委员会向全会呈送了最终文件，该文件规定“两院均须记录议事日志，并不时将其内容付诸发表，其中依其判断需要保密的部分除外”。但所谓的“部分”究竟涵盖何事，“不时”二字又作何解，文件并未给出指示说明。

尽管有这两个委员会的工作，但大会仍然无法达成一个令所有人都能接受的公开性条款。大会甚至一度考虑，按照康涅狄格代表奥利弗·埃尔斯沃思（Oliver Ellsworth）的提议，将关于日志的要求统统删除。埃尔斯沃思认为这项要求没什么必要，他声称，单是公众的压力将足以迫使国会发布议事记录。“立法机关不会不公开议事记录，”埃尔斯沃思说道，“因为记录如果被不当地遗漏掉，人民肯定会提出要求的。”[2] 据詹姆斯·麦迪逊的笔记，另一位细则委员会的成员——宾夕法尼亚的詹姆斯·威尔逊（James Wilson）——在辩论中反对埃尔斯沃思的提议。他宣称：“人民有权知道他们的代表在做什么，以及做过什么。立法机关不应有权选择是否隐瞒议事过程。”威尔逊同时警告大会说，“（要求公开官方日志）是现有《邦联条例》中就存在的条款，如果不保留这一条，就将授反改革者以

[1] 风格与整理委员会（Committee of Style and Arrangement）成员包括亚历山大·汉密尔顿、詹姆斯·麦迪逊、威廉姆·萨缪尔·约翰逊（William Samuel Johnson）、古弗尼尔·莫里斯和鲁弗斯·金。

[2] Henry D. Gilpin, *The Papers of James Madison*, vol. 3 (Langley & O’Sullivan, Washington, D.C., 1840), p. 1294.

柄，一些心智脆弱、疑心病重的人就可能被轻易误导”[1]。埃尔斯沃思的提议遭到了一致反对。

与行政部门不同，国会在总体上负有向公众报告行动的义务，因而它本身也需获得明确的授权，得以有权在条件允许时秘密处理事务。尽管大家广泛同意，有必要制订一些条款，来确保国会处理某些敏感事务时的机密性——这一想法从未落实——但代表们无法得出能获多数人支持的保密条款。也许是出于挫折感，或者仅仅是因为还有其他事务要讨论，会议最终决定，在风格与整理委员会 9 月 12 日草案的基础上，对语句稍微调整后加以采用。会议最终规定，国会的两院都须发布议事日志，但保密的问题由两院自行定夺：“参众两院应各自保存一份议事记录，并不时公布，唯各院认为应保守秘密之部分除外。”[2] 如今写在宪法中的正是这一条款。这也是宪法中唯一一处提到“保密”的地方。

代表们应召磋商的关于会议公开的问题中，国会日志的发布频率只是其中之一。关于是否隐匿公开日志中的特定事项，国会似乎拥有不受限制的自由决定权力，这让弗吉尼亚的乔治·梅森和其他一些人忧心忡忡。梅森认为，别的姑且不论，国会至少应在税收和花销问题上向人民直接说明，政府至少应向公众提供收入和支出的完整清单。因此在会议的最后一刻，为了削减国会在公共财政领域的自由裁量权，梅森提议在宪法第 1 条中加入第 9 款，（其中第 7 项）要求“有关公款支出的账目，应每年公布”。在梅森看来，这一新增条款——之后被称为“报告与账目条款”（Statement and Account Clause）——不仅对于政府的开放性是必要的，同时也是对国会钱袋权的必要制约。梅森的提议并非无先例可循。《邦联条例》的第 9 条也含有一条相似的要求，规定国会须“每半年向各州递送借

[1] Henry D. Gilpin, *The Papers of James Madison*, vol. 3 (Langley & O’Sullivan, Washington, D.C., 1840), p. 1294.

[2] Henry D. Gilpin, *The Papers of James Madison*, vol. 3 (Langley & O’Sullivan, Washington, D.C., 1840), p. 1547.

债和支用情况的账目”。

其他代表虽然同意梅森提议的原则，但他们怀疑公布账目的要求是否真正可行。在对梅森提议的初期辩论中，古弗尼尔·莫里斯表示，这样公布账目“很多情况下是不可能的”；鲁弗斯·金则认为，要把“一分一厘”都记上，这是“没法操作的”[1]。他们指出，毕竟《邦联条例》关于半年度财政报告的要求，就已证明不可行。詹姆斯·麦迪逊赞成梅森提议中更严格的责任制；为了解决发布频率的问题，他建议从条款中拿掉“每年”一词，换成更灵活的“不时”二字。麦迪逊的理由是，“不时”二字“规定（国会）有经常发布的责任”，但同时给立法机构的自由裁量留出足够空间。“要求太多，”麦迪逊警告说，“人就会在困难下养成什么都不做的习惯。”[2] 经过简单辩论，会议一致通过麦迪逊修改后的梅森提议。[3] 于是新的第 7 项条款要求，“一切公款收支的报告和账目，应不时公布”。但与“日志条款”不同的是，“报告与账目条款”未包括允许隐瞒敏感信息的规定。条款中的内容未被加以限定，也就是说，国会对一切公共财政都有公开的义务，不论财政支出是出于何种目的。开销的种类并未区分划定，对军事或其他国家安全目的的财政支出，在公布义务上也未作例外规定。然而，在报告中隐去秘密开支的做法很快成为常例，理由很简单：如果有些活动因其敏感性便可以从国会日志中略去，那么国会为这些活动划拨的开支，也理应受到保护而免于公开。

此后，国会第一届会议曾尝试修改宪法，要求“至少每年一次”发布支出报告，但这一提议再次遭到否决。[4] 后来此事又得到处理，但并非通

[1] Louis Fisher, *Presidential Spending Power* (Princeton University Press, Princeton, 1975), p. 203.

[2] Harry D. Gilpin, *The Papers of James Madison*, vol. 1 (J & H.G. Langley, Washington, D.C., 1841), p. 1580.

[3] Harry D. Gilpin, *The Papers of James Madison*, vol. 1 (J & H.G. Langley, Washington, D.C., 1841), p. 1851.

[4] J. of Senate, 1st Sess., September 8, 1789, p. 74.

过宪法修正案的方式。1789 年 9 月 2 日，国会创立了财政部（Department of Treasury），这是隶属于行政部门的一个永久机构，负责处理国家政府的财政。独立战争期间担任华盛顿首席副官的亚历山大·汉密尔顿，被任命为财政部首任部长。创立该部的法案中有一条款，要求部长"于每次国会召开的第三天，向参议院和众议院提交所有账目公平准确的副本"，以及"一份真实完备的财政状况咨文"。[1] 然而，早期的报道实在乏善可陈。在1791—1792 财年的收支报告中，汉密尔顿部长汇报支出时引述的是先前的国会拨款。这样一来，要看懂收支报告，公众就必须查询相关的拨款。国会的第一份拨款简至极点，只用一个段落总结了固定数额的拨款项目："为支付公务人员的开支……支付战争部的开销……偿付前财政委员会发行的库券，以及……向伤残军人支付津贴。"[2]

第二届国会期间通过了一条新决议，对先前的立法进行扩展，要求财政部部长每年向国会提交"一份关于所有公款收支的精确账目报告……对每个州或区，以及其中每个部门的年度收入进行分条汇报；报告中也须对不同拨款名目下的支出作出区分"[3]。埃尔布里奇·格里解释说，"为判断增税是否合理"，这条额外立法"是必要的"[4]。今天，这条法定义务依然有效，其形式也没有实质上的变化：财政部被要求在每次国会召开之时，向国会提交"关于上一财年公共收支总量的报告，凡可行时，按港、区、州分别列出收入，并按每一拨款项目分别报告支出"。根据这一任务，财政部每年发布《收支平衡联合报告》（Combined Statement of Receipts, Outlays and Balances）。但至于那些本身不公开的活动，它们的支出同样也不向大众公布。

[1] Act of Sept. 2, 1789, Ch.12, sec. 4.

[2] Act of Sept. 29, 1789, Ch. 23 sec. 1.

[3] *2 Annals. of Cong.*, December 30, 1791 (Gales and Seaton, Washington, D.C., 1849), p. 300.

[4] *2 Annals. of Cong.*, December 30, 1791 (Gales and Seaton, Washington, D.C., 1849), p. 300.

会议工作圆满收官

制宪会议召开之时，代表们得到的指令仅限于将《邦联条例》所需的修改汇制成一份清单。然而就在会议开始后不久，弗吉尼亚代表团的团长埃德蒙·伦道夫便“向大会提出一份计划的纲要”。由于弗吉尼亚在召集此次会议上发挥了领头作用，因此许多人预测到，弗吉尼亚代表团会提出一份引导性的提案。这份提案中包含由詹姆斯·麦迪逊起草的一连串共 15 项决议。

这份所谓的弗吉尼亚方案，可不是原《条例》的修修补补，而是要求对国家政府的结构和权力进行根本改造，因而也彻底改变国家政府与各州、国家政府与人民的关系。弗吉尼亚提出的修改方案如此彻底，实质上可以说是全盘废除《邦联条例》，然后代之以一部新的宪法。弗吉尼亚方案的第 7 条还降低了新宪法的批准门槛，规定“9 个州（而非《邦联条例》第 13 条所要求的全部 13 个州）的批准，将足以在批准如上条约的各州之间确立此宪法”。取消《条例》中对于各州一致批准的要求也意味着，新宪法将不适用于未能对其进行批准的 4 个或更少的州。这些州将成为联盟以外的独立实体，正是有鉴于此，罗得岛之后才不情不愿地批准了宪法。

1787 年 9 月 12 日，风格与整理委员会向大会全会提交了新宪法的最终草案。9 月 15 日，经过 2 天的审议，代表们就文件的最后措辞达成一致。马里兰代表詹姆斯·麦克亨利（James McHenry）在日记中记录了接下来的事项 ：“命令（宪法文本）定稿，印 500 份。休会至 17 日周一。”[1] 乔治·华盛顿 9 月 15 日的日记印证了麦克亨利的记载 ：“休会至周一以完成宪法定稿，并印制一定数量的副本。”[2]

---

[1] “Papers of Dr. James McHenry on the Federal Constitution, September 15, 1787,” The Avalon Project (Lillian Goldman Law Library, Yale Law School, New Haven). Text and notes reprinted from the “American Historical Review ”(Washington, D.C., 1905–1906), pp. 596–618.

[2] George Washington, Diary, September 15, 1787. Donald Jackson and Dorothy Twohig, eds. “The Diaries of George Washington, July 1786–December 1789,” vol. v (University of Virginia Press, Charlottesville, 1979).

9月17日，代表们最后一次会面并签署新宪法。本杰明·富兰克林为这一场合准备了一篇讲话，即《日出讲话》(Sunrise Speech)[1]，但由于体力不支（富兰克林时年已83岁），讲话由他的同乡兼挚友、宾夕法尼亚的詹姆斯·威尔逊代为发表。富兰克林的讲话号召团结，他对代表们说："我认为，我们的敌人将会感到震惊。他们正自信满满地期待，我们的代表像其他巴别塔的建造者一样遭受挫败。他们坐等我们各州走到分崩离析的边缘，之后兵戎相见，只欲置彼此于死地。"尽管富兰克林恳请其他代表维持会议的保密性，但仅在几周内，他的讲话就已传遍各地。富兰克林自己就是泄密者之一，他将"那篇小讲话的副本"发给另一位代表内森·格拉姆（Nathan Gorham），告诉他这篇讲稿"由你处置"[2]。讲话于是很快到了印刷商手里，之后便登上众多报刊。

乔治·华盛顿是第一位签署新宪法的代表。参加制宪会议的55人中，有39人签署宪法。[3] 特拉华的乔治·里德（George Read）替同州的约翰·迪金森代签。迪金森完全支持该宪法，但签署之日他不在费城。数位不签署宪法的代表早已离开费城。其他人拒绝签署的原因或者是对新宪法不赞同，或者是像纽约州的罗伯特·耶茨和小约翰·兰辛（John Lansing, Jr.）那样，认为他们收到的指示并未允许他们参与一部新宪法的创制。这两位纽约州代表的离开在程序上有着重大影响；这样一来，在7月10日以后，纽约州在会议中实质上失去了正式的发言权。弗吉尼亚的乔治·梅

[1] 富兰克林等待签署宪法时，研究了乔治·华盛顿椅背上镌刻着的花纹——半个太阳。他盯着看了一分钟，说道："我经常看总统背后的这幅画，但说不出这是日出还是日落。现在我终于有幸知道，这确实是日出，不是日落。" The Avalon Project (Lillian Goldman Law Library, Yale Law School, New Haven); source: Madison's "Notes on the Debates in the Federal Convention", September 17, 1787。

[2] Benjamin Franklin to Nathan Gorham, November 14, 1787. 富兰克林告诉格拉姆："我迄今拒绝将其公开，但若你认为这样有好处，你的判断对我而言比我自己的想法更重要。"

[3] "America's Founding Fathers—Delegates to the Constitutional Convention". The U.S. National Archives and Records Administration (Washington, D.C.).

森、埃德蒙·伦道夫以及马萨诸塞的埃尔布里奇·格里一直待到会议结束，但不愿签署宪法，因为他们三人认为，新宪法没有为个人自由提供足够的保障。尽管并未取得各州代表的完全一致，但每个州在场的（纽约州严格说来并不在场）多数代表，仍对宪章投出赞成票。[1] 宪法的第 7 条也是最后一条由此得以宣称，本宪法于“9 月 17 日，在制宪会议上，经在场各州一致同意后制定。我们谨在此签名作证”。亚历山大·汉密尔顿以见证者的身份在文件上签字。

会议休会后，代表们在城市酒馆（City Tavern）相聚，举行告别晚宴。据乔治·华盛顿说，他们“共进晚餐，并且互致热忱的道别”——确实是“热忱”得很。当晚酒馆的账单上，55 位出席者和他们的宾客共消费了：54 瓶马德拉白葡萄酒，60 瓶红葡萄酒，27 瓶波特酒，8 瓶苹果酒，12 瓶啤酒和 7 碗宾治酒。代表们之后回到家中，着手为他们各自的观点网罗支持者；多数人是为拥护新宪法，少数则是为了反对。华盛顿“返回（住处），对业已完成的壮举陷入沉思”[2]。9 月 18 日，500 份宪法副本在邓拉普和克莱普尔的印刷店印成。次日，即 1787 年 9 月 19 日，新宪法全文发表于《宾夕法尼亚邮报和每日广告商报》（*Pennsylvania Packet and Daily Advertiser*）。不到 1 周，新宪法便登上了费城全部的 11 家报纸，之后的几周内，它被全国的 50 多家报纸全文刊发。

就在宪法签署当日，即 9 月 17 日，会议通过一项决议，要求将宪法的副本“提交给集结于邦联议会的美国各州”。华盛顿将军派大会秘书杰克逊，向当时正在纽约召开的邦联议会递交一份新宪法的副本（极有可能是 9 月 12 日的草案）。杰克逊 18 日早晨离开费城，次日下午三四时抵

[1] 纽约州三名代表中有两位——小约翰·兰辛和罗伯特·耶茨——离会，因为他们反对会议的发展方向。于是只剩下亚历山大·汉密尔顿代表纽约州，但这不到投票所要求的法定人数。华盛顿当天（9 月 17 日，周一）的日记这样写：“开会；宪法获得 11 个州和来自纽约的汉密尔顿上校的一致赞成。”

[2] George Washington, Diary, September 17, 1787, *Founders Online*, National Archives, www.founders.archives.gov/documents/Washington.

达纽约。9 月 20 日，杰克逊向邦联议会主席阿瑟·圣克莱尔（Arthur St. Clair）提交了一份宪法副本（由宾夕法尼亚议会的助理职员雅各布·沙勒斯 [Jacob Shallus] 写在 5 张羊皮纸上）、会议的决议和一封华盛顿的致信。1 周后的 9 月 28 日，邦联议会通过决议，接受制宪会议的决议，并要求将新宪法“送交各州立法机关，以备呈交由各州人民选出的州制宪会议[1]”[2]。数以万计的宪法副本被印刷出来，分发到全国各地。

1787 年 2 月 21 日的邦联议会决议明确规定，对《条例》的任何修改，都仅在“得到议会同意并经各州确认”之后方能生效。然而制宪会议并未先将宪法提案提交邦联议会批准，再交由各州确认；而是采取了一条完全不同的途径——呼吁由各州分别批准条约。[3] 通过规避各州立法机关，新宪法的支持者希望能保护宪法，以免其受到破坏性的修正——许多州政府忌于向新的国家政府让渡更多权力，势必会作出这类要求。正如马萨诸塞的鲁弗斯·金警告的那样，“州立法机关……作为权力流失的一方，最有可能提出反对”[4]。

代表们并未费心调整他们的行动，使其在实质或程序上，与邦联议会授予他们的指示，以及这些指示所依据的《邦联条例》的明确条款相一致。各州制宪会议显然超出法律范围，但马萨诸塞的内森·戴恩将此问题轻描淡写过去。以他的观点（奇思妙想，但并非不合逻辑），邦联议会有权力处理的仅是针对《邦联条例》提出的修改意见，而非对其进行全盘替换的方案。因此，从宪政角度看，邦联议会无权“对一套与《条例》全然无关的政府体系发表意见。鉴于此事的重要性，并且基于他们对选民应有

[1] 各州的“制宪会议”和“宪法批准会议”所指相同，都是由各州自行召集对宪法进行审议、批准的代表会议。参考上下文，凡强调“批准”（ratification）含义时，用后者；其他情况下译作“制宪会议”，读起来更通顺和避免歧义。——译注

[2] *Journals of the Continental Congress*, vol. 33, at 548.

[3] *See* U.S. Constitution, art. VIII (setting forth the ratification process).

[4] Charles R. King, ed., *The Life and Correspondence of Rufus King*, vol. 1 (G. P. Putnam's Sons, New York, 1894), p. 232.

的尊重”[1]，戴恩认为，制宪会议的报告应先呈送各州审议。换言之，邦联议会既无权修改制宪会议的成果，也无权驳回。不管戴恩的主张是否站得住脚，但1787年9月28日邦联议会关于采纳制宪会议决议的决定，仍然在很大程度上保护了新宪章，以免有人以会议代表僭越合法权限为由对其展开攻击。

制宪会议决定将宪法呈送各州代表大会批准，新宪法中体现的人民主权概念由此得以付诸实践。用詹姆斯·麦迪逊的话来说，在费城会议上诞生的这份文件“只不过是一份计划草案，是死的文字，要等待人民通过各州的制宪会议发出声音，将生命与活力注入其中”[2]。在他看来，新宪法所具有的“意义等同于记载它的那张纸，除非这部宪法所献给的人民，为它敲上表示认可的印章”[3]。

各州的制宪会议，使人民头一回有机会直接了解新宪法的条款。新宪法的支持者和反对者都能在人民面前公开阐述自己的观点。此外，也许更重要的是，由于各州制宪会议的代表，都是为了批准或否决国家新宪章这一单一特定目的而选出的，因此由他们作出批准新宪法的决定，将使宪法获得其他方式所不能给予的地位和权威。然而，对宪法起草工作的保密并未终结，许多内容还将作为秘密保存半个多世纪。

会后的保密工作

1787年9月17日，马里兰州的詹姆斯·麦克亨利在其私人日志中写

[1] *Journals of the Continental Congress*, vol. 33, at 543.

[2] *Founders' Constitution*, “Article 2, Section 2, Clauses 2 and 3,” vol. 4, Doc. 22 (University of Chicago Press, Chicago, 1787).

[3] *Founders' Constitution*, “Article 2, Section 2, Clauses 2 and 3,” vol. 4, Doc. 22 (University of Chicago Press, Chicago, 1787).

道 ："保密令已解除。"[1] 但尽管禁令已正式取消，大会的保密规则事实上仍有效力。多数代表都认识到，会议的持续保密对确保宪法的批准至关重要。在会议的最后一日，本杰明 · 富兰克林劝代表们，不要声张他们对于宪法草案的担心，以及代表彼此间的任何个人分歧。富兰克林认为，如果维持会议内容的机密性，那么最终文件看起来就会拥有比实际更多的支持，从而增加其被批准的机会。同一天，他还说道，任何表明代表之间存在分歧的证据，都会被反对批准宪法的人抓住并加以利用。正如他解释的那样，"我个人对宪法中的错漏也有意见，但我为公共利益放弃这些意见。我对外半个字也没有提过。它们在这堵墙里产生，也让它们在这里消失"。他警告说 ："如果我们每个人都说出对宪法的反对意见，都利用各自的影响力为这些观点寻求党派支持，那么宪法将无法得到全面接受，进而我们将失去一切有益影响和巨大优势——这些来自我们或实或虚的团结面貌，自然有利于我们在诸国之中的地位，也有利于我们自身。"[2] 亚历山大 · 汉密尔顿与富兰克林所见略同，后来他以"阿米古斯"的名字写道 ："如果会议内容在会议进行时就被公开，那么派系间的争吵，将使我们无法达成任何令人满意的结果 ；如果这些内容在会后公开，那就会向巧舌如簧的煽动者提供许多口实。那些欠考虑的提案，将给不怀好意的指控者提供众多把柄。"[3]

虽然保密禁令已经正式解除，但华盛顿依旧继续坚持会后的保密工作。即使是在宪法通过和签署之后，华盛顿仍告诫大会秘书杰克逊，有必要对会议内容保密。"大家看到你在会议讨论过程中不停地作笔记，记录了许多提交会上审议的提案，"他告诉杰克逊，"然而将其公开是绝对不妥

---

[1] Dr. James McHenry, Diary, September 17, 1787, The Avalon Project (Lillian Goldman Law Library, Yale Law School, New Haven).

[2] Benjamin Franklin, Diary, September 17, 1787, The Avalon Project (Lillian Goldman Law Library, Yale Law School, New Haven).

[3] John C. Hamilton, ed., *The Works of Alexander Hamilton*, vol. vii (Charles S, Francis & Company, New York, 1851), p. 32.

的。因此我必须说，希望你不要在自己的有生之年把它们暴露给公众。”杰克逊向华盛顿保证，定会“慎重遵循”[1]他的要求。杰克逊信守诺言。

刚一休会，一些代表便无视富兰克林的要求，带着新宪法的印刷件回到其所在州的立法会议，不时披露出会议期间的部分讨论情形。马里兰的反联邦主义者卢瑟·马丁揭露的内容最为详细。之后，他将自己呈给马里兰立法会议的报告，扩展为 12 回的连载报道，以《真实信息》为题发表在报纸上。该连载也发表于 1787 年 12 月末至 1788 年 2 月初的《马里兰公报》（*Maryland Gazette*）上，并随即在马萨诸塞、纽约、宾夕法尼亚、弗吉尼亚和南卡罗来纳等州的诸多报纸上转载刊发。1788 年 4 月 12 日起，马丁的报告还被印在手册上，流传于全国各地。由于详细揭露了会议内容，马丁受到联邦党人的群起围攻；反联邦主义者则赞扬马丁，他们的笔杆子“哨兵”将他形容为“卓越的爱国者，一个打破秘境、揭露黑暗景象、解开会议秘密、剖析野心阴谋的人。他的公共精神使阴谋家们对他大为恼火，因为他竟敢揭去秘密的帷帘”[2]。

会议的最后一日，以鲁弗斯·金为首的一些会议代表提议，将会议日志“要么毁掉，要么交存主席监管”。鲁弗斯·金担心日志一旦公开，“将被希望阻止宪法通过的人恶意利用”。不过会议并未销毁日志，而是经投票决定，将它们与其他重要的会议文件一道交由华盛顿照看，并“受国会的命令管辖——如果国会能根据宪法建立的话”[3]。华盛顿将军在此后 8 年多的时间里，一直看管日志和其他的会议文件，最终于 1796 年 3 月 9 日，将它们交付给国务卿托马斯·皮克林（Thomas Pickering）。在 20 世纪早期的一段时间内，这些记录的绝大部分都移交到了国会图书馆。1894 年到 1905 年间，国务院卷册与图书管理局（Bureau of Rolls and

[1] *Farrand Supplement*, p. 315.

[2] “Centinel: No. XIV,” *Independent Gazetteer*, Philadelphia, February 5, 1778.

[3] Jonathan Elliot, ed., *Debates on the Adoption of the Federal Constitution*, vol. v (Washington, D.C., 1845), p. 558.

Library of State Department）汇编了5卷本的《美利坚合众国宪法档案史（1786–1870）》（*Documentary History of the Constitution of the United States of America, 1786–1870*），这套书与其他档案收录了关于制宪会议几乎所有已知的笔记和记录。1952年，联邦制宪会议的记录被移交至国家档案馆（National Archives），如今作为联邦政府官方记录的一部分得到保存。[1]

会议记录的管理

许多年后的1818年10月，时任国务卿的约翰·昆西·亚当斯（John Quincy Adams，约翰·亚当斯之子——编注），在写给詹姆斯·麦迪逊的信中，对从华盛顿总统处接收的文件作了分类："一，含有会议内容记录的手稿1卷；二，含有全体委员会会议内容的1卷；三，关于各种问题的赞成与反对情况的1卷；另有9份零散的文件，其中2份是由伦道夫先生提交并在会议上讨论的决议副本，1份是上述宪法草案的印刷件，上面手抄记载了辩论后被采纳的修正意见，余下则是无关紧要或不相干的文件。按照上一次国会决议的规定，这些文件由政府所有。"[2]

国务卿亚当斯审查会议文件之后，发现记录并不完整。制宪会议官方日志的记录，在1787年9月14日周五的会议之后，神秘地停止了。15日周六和17日周一（会议的最后一日）的记录，并未写入官方日志。亚当斯认为，"这一缺失引人注目，因为14日休会时还留有未完成的辩论，要日后继续"。亚当斯还提到，关于15日周六的会议甚至还留有部分记录，

[1] National Archives, "Records of the Continental Congress and Confederation Congress and the Constitutional Convention," Record Group 360 *et seq*. (Washington, D.C.).

[2] John Quincy Adams to James Madison, October 22, 1818; John Church Hamilton, ed., *Life of Alexander Hamilton: A History of the Republic of the United States*, vol. 3 (Houghton, Osgood and Company, Boson, 1879), *note* to page 347.

但这些文字“被划去了”。[1] 随后，詹姆斯·麦迪逊试图填补这些空隙，他寄给亚当斯其“笔记上关于最后两日会议的内容节选，也许可以填补日志的缺漏”[2]。不光是缺失了两天的会议记录，在会议闭幕时，大会秘书杰克逊还烧掉了“所有散乱的废纸”，而其中一些就算不是会议部分官方记录的话，也可能是重要文件。[3] 至于杰克逊这样做的原因，是他认为这些东西不值得保存，抑或只是试图履行自己对华盛顿将军的承诺，就无从知晓了。

新宪法批准后，似乎再也没有什么理由要维持保密禁令；然而，大会的日志和其他文件依旧隐瞒了23年多，不许公众查阅。直至1819年，国务卿亚当斯才依照上一年（1818年3月27日）国会通过的决议，将文件汇编修订，并以《形成美利坚合众国宪法的……会议的日志、决议和经过》（*Journals, Acts, and Proceedings, of the Convention... Which Formed the Constitution of the United States of America*）进行发表。遵循国会决议，此文件印出1000份副本，“现国会的议员人手一份，剩余部分将由国会日后处置”。

后来的观察者也许能够理解会议代表们闭门开会的决定，但至于大会秘书杰克逊为何在官方日志中隐瞒如此大量的会议内容，他们并未找到充分理由。1827年，在詹姆斯·麦迪逊的《1787年联邦会议辩论笔记》（*Notes of the Debates in the Federal Convention of 1787*）发表之前，贾里德·斯帕克斯（Jared Sparks）——一位美国出版商、编辑、（华盛顿传的）

[1] John Quincy Adams to James Madison, October 22, 1818; John Church Hamilton, ed., *Life of Alexander Hamilton: A History of the Republic of the United States*, vol. 3 (Houghton, Osgood and Company, Boson, 1879), *note* to page 347.

[2] James Madison to John Q. Adams, November 28, 1818, Online Library of Liberty, www.oll.libertyfund.org, p. 301.

[3] William Jackson to George Washington, September 17, 1787, W.W. Abbot, ed., “The Papers of George Washington: Confederation Series 329,” vol. 5 (University of Virginia Press, Charlottesville, 1997).

作者，同时也是哈佛学院的院长——道出了众人的心声："从许多方面看，大会辩论的记录未保存下来，这是深为可惜的。公众再也无法从与会者的观点中，获得可能的益处。最近发布的那份日志，内容少得可怜，对历史的空白几乎毫无补救之功……秘密会议当时可能是便宜之举，今天却造成巨大麻烦……如果当时公开审议，并且每日见报，我们认为不会得其咎，只会受其益。"[1]

宪法的主要设计者之一詹姆斯·麦迪逊认为，会议档案的缺乏并不那么重要，尤其是在解读宪法之时。[2] 麦迪逊认为，各州制宪会议的记录为制宪者的初始意图提供了最好例证："无论人们对那些宪法的缔造者怀有怎样崇高的敬意，也绝对不能把他们的想法视为解释宪法的神谕……因此，如果我们要在法条文字的背后发现法条的意义，我们不该去找提出这些条文的制宪会议，而必须到接受并批准宪法的各州制宪会议中寻找答案。"[3]

尽管斯帕克斯对汤姆森作会议记录的方法仍持批评态度，但他也承认，由于多数参加制宪会议的代表同时也是各州制宪会议的代表，因此他们在各州会场上的存在"一定程度上起了缓和作用——否则原先的损失还将继续"。斯帕克斯写道："在各州会场当中，这些代表可能散播了从第一次制宪会议中汲取到的智慧，并复述大会中提出的论点和自己认可的见解。"然而他依旧批评，由于缺少了关于联邦会议代表言行的完整记录，各州制宪会议的代表们错失本可拥有的信息："如果人们能从本源处了解那

[1] Jared Sparks, "The North American Review", vol. 25 (Boston, 1827), p. 251.

[2] 但麦迪逊前后所言不完全一致。1781 年 2 月，在众议院关于创立中央银行的辩论中，麦迪逊说："(自己) 清楚地记得，在制宪会议上，创设法人组织的权力先被提出、后被否决。"马萨诸塞的制宪会议代表埃尔布里奇·格里（亦在第一届国会任职），指责麦迪逊利用关于大会辩论的记忆，来树立自己日后进行政治指导的权威。麦迪逊对格里表示赞同，认为还是不要暴露大会的内容为好。*Annals of Cong*. vol. 2, February 2, 1791 (Gales and Seaton, Washington, D.C., 1834), p. 1945。

[3] *Annals of Cong*. vol. 4, April 6, 1796 (Gales and Seaton, Washington, D,C., 1855), p. 1855.

些观点，将能更好地理解宪法的原则，（也会在）各州开始处理条文时得以充分准备，更好地遵循这些原则。”[1]

尽管斯帕克斯期待制宪会议的代表们弥补会议记录的缺失，但这种做法的正当性也不是没有争议的。在1791年2月的一次众议院公开辩论中，詹姆斯·麦迪逊提到，大会曾回绝将国家银行列入宪章的提议，埃尔布里奇·格里便指责麦迪逊，认为他利用关于大会辩论的记忆，来树立日后进行政治指导的权威。麦迪逊同意格里的说法，认为最好还是不要公开大会审议的细节。随后在1796年，华盛顿总统本人，也因在向国会的致辞中引用大会的内容，而受到麦迪逊的批评。为证明自己对宪法中关于缔结条约的条款理解正确，华盛顿总统对国会说："我曾是制宪会议的一员，了解构筑宪法的原则，在这个问题上我从来只有一个想法……那就是，缔结条约的权力被独一无二地授予总统。”[2]

新宪法——这部“民有、民治、民享”的文件——是由一小撮政治精英关起门来缔造的。在国家新宪章的创立过程中，人民既未参与，也未指导。确实如此，弗吉尼亚的乔治·梅森指出了众所周知的事实："这部宪法是在人民既不知情，也未发表意见的情况下形成的。”[3] 对于这一点，即使是对大会保密政策最热心拥护的人，也不可否认。尽管保密政策在联邦会议期间只受到了温和的批评，但到各州制宪会议上，它却使宪法的批准险些落空。

---

[1] “The North American Review,” vol. xxv (Frederick T. Gray, Boston, October, 1827), p. 252.

[2] George Washington, “Message to the House of Representatives Declining to Submit Diplomatic Instructions and Correspondence,” March 30, 1796.

[3] Jonathan Elliot, ed., *Debates on the Adoption of the Federal Constitution*, vol. 5, (Washington, D.C., 1845), p. 553; Joseph C. Morton, *Shapers of the Great Debate at the Constitutional Convention of 1787* (Greenwood Press, Westport, CT, 2006), p. 203.

第 4 章

宪法批准会议

它在邪灵的主持下诞生，又披着秘密的面纱姗姗而来，真实面目则被小心地遮掩起来。一直以来，他们用尽一切骗术以使人们相信，这个私生孽子就是天赐自由的真正传人。

——“哨兵”（塞缪尔·布赖恩 [Samuel Bryan]），1787 年 11 月 30 日

保密成为攻击新宪法的口实

自 1787 年秋至 1788 年夏，新宪法始终占据着美国的政治舞台中央。1788 年 4 月，《一介庶民》中写道：“它已成为普遍的关注点——任何反思之人都在思考它。”[1] 2 月 21 日大会关于召开各州制宪会议的决议，竟也被当作重大新闻：9 家报纸全文发表了决议，另有 2 家以总结形式刊出。[2] 在 6 个州（宾夕法尼亚、康涅狄格、马萨诸塞、弗吉尼亚、纽约和北卡罗来纳），州制宪会议的辩论记录以特别增补的形式见报，篇幅足有书一般长。从未有任何的政治事件得到过如此强烈的持续关注。纸媒上——通过报纸、公告和小册子——的辩论几乎从未停息；人们彼此间也是如此，在

[1] *A Plebeian*, “An Address to the People of the State of New York” (April 17, 1788).

[2] John K. Alexander, *The Selling of The Constitution: A History of News Coverage* (Madison House, Madison, WI, 1990), p. 392, n. 2.

镇民大会上、酒馆里，甚至街上偶遇时，都在议论不休。人民主权虽在联邦会议中不知所踪，现在却完完全全地展现出来。

联邦党人——新宪法的支持者——为使宪法过关而采取的策略，专注于将宪法描绘为一个宏大的设计，而非如同实际状况中那样，是各方妥协而成的拼缀物。他们知道，假如宪法的每个条款都与某州或某派的要求联系起来，那么反联邦主义者就会试图将辩论聚焦于各方的妥协，而非方案的整体益处。北卡罗来纳的威廉·戴维斯（William Davis）在该州的制宪会议上指出："由于各州在领土、方位、气候和商业竞争方面有着偶然但无法改变的差异，因而当时存在许多利益龃龉，协调起来确有困难。要协调如此众多的、相互冲突的利益，并非易事。欲达成任何一致，必须有相互的妥协……如果每个州都顽固地要求保障其特定的本地利益，我们就永远不会有结论。因此，所有州都友好而明智地放弃了它们的个别主张。"[1] 在戴维斯看来，如果会议的审议过程向大众公开，这些妥协便不可能达成。

与联邦党人的策略背道而驰的，是人们的一种普遍想法，即保密是有罪迹需要隐藏的人才做的事。托马斯·杰斐逊就曾这样告诫他的外孙弗朗西斯·埃普斯（Francis Eppes）："每次你不禁要秘密行事时，问问自己，这件事你会在大庭广众下做吗？如果不会，那这件事肯定错了。"[2] 尽管在制宪会议期间，保密规则只引发了有限的批评，但反联邦主义者抓住这一点，声称单凭宪法创立过程中的保密做法，人们就不该批准宪法。对于反联邦主义者而言，会议四周的保密藩篱至少"表面上露出可疑之色"[3]。另

[1] Statement of William Davie, Debate in North Carolina Ratifying Convention (July 24, 1788); Jonathan Elliot, ed., *The Debates on the Several State Conventions on the Adoption of the Federal Constitution*, vol. iv (Washington, D.C., 1836), p. 23.

[2] Jerry Holmes, ed., *Thomas Jefferson, A Chronology of His Thoughts* (Rowan & Littlefield, Lanham, MD, 2002), p. 258; Edwin Morris Betts and James Adam Bear, Jr., eds., *The Family Letters of Thomas Jefferson* (University of Virginia Press, Charlottesville, 1966), p. 415.

[3] Herbert J. Storing, ed., *The Complete Anti-Federalist*, vol. 1 (University of Chicago Press, Chicago, 1981), 3.6.9, p. 70.

一些批评则不止于怀疑，还将会议描绘为一片“黑暗之地”，认为宪法本身就是“贵族意志的产物，旨在颠覆人民的权利与自由”。[1]

当时报纸多数支持联邦党人的路线。1787 年至 1788 年宪法批准运动期间，约 100 份发行的报纸中，“能被归为公然反联邦主义的……不超过一打”[2]。反联邦主义的观点很少见报，被其他出版商转载的则更少。[3] 多数报纸，尤其是其新闻被其他报社转载的报纸，都集中在美国的城市中心。这些城市往往受商人掌控，而商人阶级更支持建立一个全国性的系统，认为这将有助于商业贸易。在较为乡野和内陆的区域，报纸则没有那么普及，反联邦主义者往往在这里有着最强的支持。支持联邦党观点的报纸常常利用公众的情绪，尤其是人们对乔治 · 华盛顿的崇高敬意。最广为传颂的，便是华盛顿从费城返回弗吉尼亚的旅程；故事中说，路上桥梁坍塌，而华盛顿却毫发无伤地避开了。这则流传于许多报纸的事迹暗示，华盛顿得以脱险，是因为“在这个伟大而正直的人从会议回家的路上，上天保佑了他可贵的生命”[4]。

反联邦主义者多以假名发表文章。这一时期的传统思想——尤其是政治思想——认为，影响公众的应该是观点的力量而非作者的身份。“布鲁图”（Brutus）、“加图”（Cato）、“联邦农夫”和“哨兵”，是当时反联邦主义者所使用的最耳熟能详的笔名。联邦党人也有自己的匿名支持者，其中最为人熟知和尊敬的发行物便是《联邦党人文集》（*The Federalist*）。该文集包括论文和短文共 85 篇，3 位作者分别是詹姆

---

[1] *Centinel*, No. II, *Freeman's Journal* (Philadelphia, October 20, 1787); John P. Kaminski, *Secrecy at the Constitutional Convention* (University of Wisconsin, Madison, 2005), p. 19 and n. 30.

[2] Robert Allen Rutland, *The Ordeal of the Constitution: The Antifederalists and the Ratification Struggles of 1777–1788* (University of Oklahoma Press, Norman, 1966), p. 38.

[3] William H. Riker, *The Strategy of Rhetoric: Campaigning for the American Constitution* (Yale University Press, New Haven, 1996), pp. 26–28.

[4] John P. Kaminski and Gaspare J. Saladino, *Commentaries on the Constitution, Public and Private*, vol. 1 (State Historical Society of Wisconsin, Madison, 1981), p. 243.

斯·麦迪逊、亚历山大·汉密尔顿和约翰·杰伊（John Jay），他们均署名为“帕里乌斯”（Publius）。

尽管反联邦主义者主要反对的是新宪法的内容实质，尤其是各州地位的下降，但他们首先着力攻击的，却是宪法创立过程中的保密行为。在反联邦主义者的笔杆子中，最多产、最毒辣的是以“哨兵”为名的塞缪尔·布赖恩。“哨兵”指责称：“它在邪灵的主持下诞生，又披着秘密的面纱姗姗而来，真实面目则被小心地遮掩起来。一直以来，他们用尽一切骗术以使人相信，这个私生孽子就是天赐自由的真正传人。”[1] 另一次，“哨兵”对“新方案的始作俑者”展开人身攻击，称“（他们）意识到新方案经不住开明的爱国主义的检验，便暴君般地试图屏蔽一切调查。假如他们的观点值得赞赏，假如他们诚实，做法就应该正好相反——他们应欢迎最自由的讨论”[2]。会议结束后，保密规则依旧持续，一位大陆军的前军官对此怒不可遏，他将“会议日志受到的不可理解的压制，（形容为）对人民统治权最高的侵犯”[3]。

帕特里克·亨利是一位坚定的反联邦主义者，他曾拒绝以代表的身份参加制宪会议，据说是因为“嗅到了不对的风头”[4]（“不对的风头”是指建立强大中央政府的动向）。亨利确信，如果联邦会议向公众开放，代表们将给出一部大不相同的宪法，一部给各州保留远比现在更多权力的宪法。尽管在第一次大陆会议时，正是亨利提议闭门开会，但他现在却宣称，没有一个政府应被允许“在秘密的帷幕下从事最龌龊和邪恶的阴谋活动”。他说：“当一个民族的统治者可以向人民隐瞒事务时，人民的自由从来不

---

[1] *Centinel* No. 4, *Independent Gazetteer* (Philadelphia, November 30, 1787).

[2] *Centinel* No. II, *Freeman's Journal* (Philadelphia, October 24, 1787).

[3] John P. Kaminski and Gaspare J. Saladino, *Commentaries on the Constitution, Public and Private,* vol. 1 (State Historical Society of Wisconsin, Madison, 1981), p. 215.

[4] Kidd, Thomas J., *Patrick Henry: First Among Patriots* (Basic Books, New York, 2011). p. 183. 亨利“嗅到”的风头是，有人打算设立一部强势中央政府的新宪法，取代《邦联条例》。

会——也将永远不会——得到保障。”[1]

另一些政治领袖则在更实质性的问题上攻击宪法。纽约州州长乔治·克林顿在该州组织反宪法势力。他反对的理由是：各州“将遭到严重削弱，以致在面对有过多过广权力的联邦政府时，无法为人民的权利和自由提供行之有效的保障”[2]。日后成为美国第 5 任总统的詹姆斯·门罗（James Monroe），同样反对批准宪法。在门罗的理想宪法中，参议员和总统应由人民直选，并且包含有力的权利条款。后来当选总统的约翰·昆西·亚当斯，当时在法律学校就读时，也反对批准宪法；然而后来，他对自己早年的反联邦主义观点表示后悔，认为是“大错特错”。[3]

鉴于批评纷纷指向围绕制宪会议的保密帷幕，新宪章的支持者意识到，各州的制宪会议不能再向公众关闭大门了。如果不许公众参与会议审议，那便立刻中了反联邦主义者的下怀。因此，所有州都决定对公众开放会议。有些州甚至将会议场所从州议会或其他惯常的会议地点，迁至更加宽阔的地方，以便容纳更多民众。在一些州，会议的辩论内容被汇总起来，印发在当地的报刊上。

事后证明，在宪法的批准过程中，各州批准会议的公开，就算不是不可或缺的一步，至少也是审慎之举。即便会议公开，宪法的批准之路依然坎坷不平。在重新审视宪法的历史时，之后的第一届国会准确地指出，宪法的“终极命运，在一段时间内曾处于悬而未决的状态，使人犹疑和痛苦”[4]。若将保密制度延续到各州制宪会议中，几乎可以肯定的是，宪法将遭到否决。

---

[1] Jonathan Elliot, ed., *The Debates in the Several State Conventions on the Adoption of the Federal Constitution*, vol. III (J.P. Lippincott & Co., Philadelphia, 1876), p. 170.

[2] George Clinton, New York Ratifying Convention, July 11, 1788, “The Founders Constitution,” vol. 1, Ch. 8, Document 39 (University of Chicago Press, Chicago, 1981).

[3] Lynn Hudson Parsons, *John Quincy Adams* (Rowman & Littlefield Publishers, Lanham, MD, 1998), p. 37.

[4] *Annals of Congress*, vol. 1 (Gales and Seaton, Washington, D.C., 1834), p. viii.

除了向公众开放各州制宪会议，先前大会关于在全国分发宪法副本的决定，也对宪法的批准发挥了重要作用。如果宪法副本未被如此广泛地传播，那么人们很有理由怀疑，联邦党人试图通过保密和突袭战术，压倒新宪章的反对声音。精确完整的宪法副本散发出去，使得反联邦主义者无法令人信服地宣称，有任何人被剥夺了聆听的机会。

1787 年 12 月 7 日起，在约 30 天内，5 个州（特拉华、宾夕法尼亚、新泽西、佐治亚和康涅狄格）迅速完成了宪法的批准。其他一些州——特别是马萨诸塞——最初决定暂不批准新宪法。他们的主要反对意见是，新宪法条款中，没有将未转让的权力保留给各州（这一保留现由第 10 修正案作出规定）。马萨诸塞还抱怨称，新宪法的条款中，未明确保障诸如言论自由、宗教自由和新闻自由等基本个人权利（这些保护现由第 1 修正案作出规定）。1788 年 2 月，马萨诸塞州及其盟友达成妥协：同意批准宪法，但作为交换，它们得到一项明确保证——第一届国会开门第一件事，便是处理它们所寻求的修正案。于是，1788 年 2 月 6 日，宪法在马萨诸塞州以微弱优势通过，继而马里兰和南卡罗来纳分别于 4 月 28 日和 5 月 23 日批准宪法。1788 年 6 月 21 日，新罕布什尔成为第 9 个批准宪法的州，由此使新宪法被确立为统辖美利坚合众国的正式文件。值得称道的是，宪法批准的过程仅仅用时 10 个月。1789 年 6 月 25 日，弗吉尼亚州批准宪法，此后，纽约州和北卡罗来纳亦于 7 月 26 日和 11 月 21 日批准。罗得岛先前在人民公投中以 10 比 1 反对批准，但最终仍于 1790 年 5 月 29 日批准宪法，主要是因为其他州威胁，要将其视为一个外国政府。不过，罗得岛并非唯一拒绝全面支持新宪法的州。有 4 个州——马萨诸塞、新罕布什尔、弗吉尼亚和纽约——都批准了宪法，但赞成票不足 55%。

1789 年 3 月 4 日，第一届国会在纽约市的联邦厅召开，新的美利坚合众国政府由此宣告成立。1789 年 4 月 6 日，乔治 · 华盛顿被选为美国首位总统，随后于 4 月 30 日就任。1790 年 2 月 2 日，最高法院召开第一次会议，这标志着即日起，新政府的三个分支开始全面运作起来。

会议关于保密问题的辩论

各州制宪会议期间，在特定政府领域中，特别是外交和军事领域，维持保密制度的必要性从未受到质疑。正如约翰·杰伊在《联邦党人文集》第 64 篇中写道："在任何性质的条约谈判中，绝对的保密和即时的调度，虽然少见，有时却是必要的。"[1] 即便是乔治·梅森——这位开放政府的头号拥趸者——也在弗吉尼亚会议上坦言："事关军事行动或对外交涉的话，保密有时是必要的。"[2] 对各州制宪会议的代表而言，关于战争期间保密制度的必要性，华盛顿将军早些年的论述言犹在耳。华盛顿曾宣称："凭借保密制度，多数的义举才得以成功；缺少保密制度，它们则大抵失败。"[3] 主要由于这一点，制宪会议的代表们才就国家安全问题制定了非直接的保密条款，任命总统为国家武装部队总司令，并在外交领域授予他在指导本国对外交涉时的领导地位。然而，在上述两个领域中，宪法并未规定总统负有任何公布信息的职责。显然，在代表们的设想中，总统只有在断定保密确属必要的情形下，才会选择向公众隐瞒信息。后来，在 1787 年 7 月华盛顿的第一任期时，国会创立外交部门，将总统在外交中的首要地位写入律法。国会在立法中规定，这一新部门的首长"处理该部事务时，应遵照总统……不时发布的命令或指示"[4]。

虽然会议代表们普遍认可保密的必要性，但他们还有另一项广泛的共识，即保密只是在特定事件的特定限度内才属正当。因此，尽管在外交、国防的保密规定入宪方面，亚历山大·汉密尔顿和约翰·杰伊等人并未犯难，但他们当中没有任何人会同意，在政府的其他领域，把保密作为（或

[1] *The Federalist* No. 64, *Independent Journal*, March 5, 1788.

[2] Jonathan Elliot, ed. *Debates, Resolutions, and Other Proceedings of the Convention of Virginia*, vol. II (Washington, D.C., 1828), p. 339.

[3] Gen. George Washington to Col. Elias Dayton, July 26, 1777; ed. John C. Fitzpatrick, *The Writings of George Washington* vol. viii (Government Printing Office, 1933), p. 478–479.

[4] Act of July 27, 1789, 1 Stat. 28, Sec. 1.

应作为）一项规定。确实如此，即便对于外交和国防事务，许多代表也不愿赞成无条件的保密政策。挑战就在于如何求得公开与保密间的平衡。

参加各州制宪会议的许多代表认为，宪法中关于国会应“不时”发布日志的要求，是政府迈向更大公开性的重大一步。从某些方面看，确实如此。大陆会议的日志尽管也准备发布，但只能应“多数人要求”才能公开；制宪会议的记录也准备发布，但同样仅能依据“大会的指示”。然而，新宪法第1条第5款，即所谓的“日志条款”规定，两院应强制履行公布官方日志的职责，除非有与之相反的保密需要。尽管条款中并未加入保障机制，以防国会在无须保密时保密，但该条款的支持者——例如亚历山大·汉密尔顿——认为，各州的警觉性已是充分的保障：“对供职于国家政府部门的人员而言，各州的行政和立法机关便是难以数计的警戒哨；（它们）有足够权力……知晓在国家议事机构中，选民选举出的代表有何行为，也能在人民当中轻易地传播这些信息。”[1]

尽管有麦迪逊的保证，但许多代表依然认为，“日志条款”的语言过于模糊——因此即便有“各州的警觉性”，规避起来也太过容易。他们问，“不时”究竟频率如何？国会的“议事内容”中，哪些信息将被记入公开日志？哪些将被略去？在国会会场上提出但未被采纳的提案，是否包含在内？会场辩论记录又如何？当然还有——且不管日志的问题——国会的正式会议是否允许公众观摩？这些问题，以及关于保密在政府中将扮演何种角色的其他一些问题，并未在新宪法中得到直接回答。

詹姆斯·麦迪逊试图为宪法中“日志条款”的充分性辩护，他告诉弗吉尼亚的同乡们无须杞人忧天。他说，国会在日志中可以隐去“依其判断需要保密的事务”，但制宪会议从未想过将这一权力扩张到军事和外交以外的领域——这些就是外部边界；其他的一切事宜都将包括在公开日志

[1] *The Federalist* No. 84, “Certain General and Miscellaneous Objections to the Constitution Considered and Answered,” July 16, 1788 (Lillian Goldman Law Library, Yale Law School, New Haven, 2008).

中。因此，对“日志条款”中关于保密的规定，应作限制性的解读。麦迪逊同时指出，“（第 5 款）这一部分授权政府向公众隐瞒依其判断需要保密的事务，这仿照的是《邦联条例》”。《条例》中类似的规定是，“（日志中）与条约联盟或军事行动相关的部分”，可免予公开。因此，在保密授权上，新宪法中的“日志条款”与《邦联条例》中的对应条文并无区别。而且由于“日志条款”使国会公开日志成为强制性规定，它代表着向更高的政府公开性迈出重要一步。

帕特里克·亨利则远不如麦迪逊那样信心满满。麦迪逊保证“这类依其判断需要保密的事务”一语将受到限制性解读，亨利对此表示极度怀疑。亨利告诉弗吉尼亚的同乡们，“北方密会的内容，将对这个国家的自由人民隐瞒。有人告诉我们说，赞成票和反对票将被记入日志。但先生们，这不说明任何问题：它们可能会被锁进箱子永远不得示人。由于保密的部分按例将不会公开，因此他们可能认为，也将会认为，所有的部分都需要保密”[1]。亨利同时将矛头指向宪法中的“报告与账目条款”，称根据这一条，“国家的财富将在秘密帷幕下受人处置，因为不时发布根本不能作数，而且他们可能隐瞒自认为需要保密的事情”[2]。

尽管詹姆斯·麦迪逊和约翰·杰伊在弗吉尼亚人中享有崇高声望，但他们的保证，并不足以平复弗吉尼亚州制宪会议大多数代表的不满。于是，该州制宪会议通过了一项修正案（以便最终呈交国会）。这项修正案目的是，在日志公布频率和允许隐去的信息种类方面，消除一切疑问。弗吉尼亚的这一修正案规定：“参议院与众议院的会议日志至少得每年发布一次，其中涉及条约、联盟或军事行动的，依其判断需要保密的部分除外。”弗吉尼亚修正案的效果在于，确定日志发表的频率，并使麦迪逊关

[1] Speech of Patrick Henry in Virginia Convention (June 5, 1788); The Founders' Constitution, vol. 1, ch. 14, document 39 (University of Chicago, Chicago, 1987).

[2] John P. Kamanski, ed., *The Documentary History of the Ratification of the Constitution Digital Edition*, Speech of Patrick Henry in Virginia Convention (June 17, 1788) (University of Virginia Press, Charlottesville, 2009).

于国会有权隐去何种信息的保证落于纸面。此修正案随后于第一届国会期间提交，但在 1789 年 9 月 8 日遭到否决。[1]

各州制宪会议期间产生的与保密相关的问题中，围绕“日志条款”和“报告与账目条款”的问题只是其中 2 例。有 4 个州——北卡罗来纳、罗得岛、纽约和弗吉尼亚——的制宪会议，还因新宪法未要求国会公开议事而提出反对。当时各州的立法会议基本已向大众公开，因而各州都有许多人认为，国家的立法机关亦无理由不对公众开放。为纠正这一缺陷，数个州在其提出的宪法修正案中，包括了一项规定：“国会的两院均须在会议期间保持大门敞开，除非商议中的事务依其判断需要保密。”[2] 尽管这条修正案提案为国会留有实质性的裁量权，仍由其决定何时向公众关闭会场，但它至少明确表达出对开门议事的政策偏向。然而与众多提案一样，这条修正案也未获得国会批准。

据说在制宪会议上，马里兰代表弗朗西斯·霍普金森（Francis Hopkinson）曾这样评价会议：“鸡仔一旦破壳而出，所有人都会急着拔一根毛。”事后证明，霍普金森的预言是对的。第一届国会收到不下 100 条的各类修正案，其中多数都是由某一州或数州在各州制宪会议期间通过的。其中最迫切的要求，便是制定个人权利的法案——当时为换取马萨诸塞州与其同盟者对宪法的支持，曾向其作过保证。

詹姆斯·麦迪逊并不否认许多修正案提案的有益性，但他预见到，若将新宪法暴露于一长串的、可能极具争议的修正案之下，风险会过于巨大；而为了新宪法的实施，历经的磨难已经够多了。因此，麦迪逊的策略是，让国会迅速通过日后成为《权利法案》的修正案，随后直接无视其他提案，而不论其有益程度如何。为解决得到最广泛声援的各州关切，19 条

[1] J. of Senate, 1st Sess., September 8, 1789 (Gales and Seaton, vol. 1, p. 74).

[2] Jonathan Elliott, ed. *The Debates in the Several Conventions on the Adoption of the Federal Constitution*, vol. 1 (New York Ratifying Convention, July 26, 1778) (Washington, D.C.), p. 330.

修正案交由众议院审议，其中 17 条得到批准。参议院对修正案提案进行合并，将数目削减到 12 条。1789 年 9 月 29 日，这 12 条由国会的联合决议通过。截至 1791 年 12 月 15 日，各州已签署 12 条修正案中的 10 条，即后来的《权利法案》。麦迪逊的另 2 条修正案提案（关于每位众议员所代表的选民数量以及议员津贴问题），则未能保住 10 个州支持的最低限额。受麦迪逊策略祸害的提案中，就包括由数个州提出的关于开放会场的修正案。之后，麦迪逊向埃德蒙·伦道夫写信，解释了他的策略："为了不至于一无所成，为了简化辩论，也为了排除一切可疑的、不重要的提案，这种做法是必要的……现在，哪怕是两三项有争议的补充，都将击垮整个工程。"[1]

美利坚合众国的新宪法现已就位，国家政府运行良好。尽管制宪会议和随后的各州制宪会议都处理了政府的保密问题，但这一问题还远未解决。自第一次大陆会议起，甚至直至今日，在政府对保密的需求与政府应公开处理人民事务这一基本原则之间，两者的平衡问题源源不断地引发着争议。

[1] James Madison to Edmond Randolph, August 21, 1789; Gaillard Hunt, ed., *The Writings of James Madison*, vol. 5 (G.P. Putnam's Sons, New York, 1904), pp. 417–418.

第5章

国会敞开大门

我的公民同胞们，要记着：你们仍是自由人民。愿你们铭记，不是你们依赖议员，而是他们依赖你们。愿这条真理永远浮现于你们面前：议员们的保密制度是一条蠹虫，它掠食你们自由的命脉，养肥它自己。

——菲利普·弗雷诺（Philip Freneau），1792年2月

最初对开放国会的数次要求

1782年11月30日，大英帝国与美利坚合众国签署初步停战条约时，两国之间的敌对状态实质上已终止。翌年（1783年）9月3日，两国签订了《巴黎条约》，正式标志战争结束。尽管战争已经结束，在战时维持密会政策的一切理由也随之消逝，但是大陆会议依旧将公众挡在会场之外。然而，在各州的层面上，做法已经发生变化。

当时，数个州（以宾夕法尼亚和纽约州最为突出）已常规性地允许公众进入立法会议。宾夕法尼亚州宪法规定："本州自由人民的议员在大会议事时，众议院的门须向一切行为得体的人士敞开，除非本州利益要求其

关闭。”[1] 纽约州的宪法则更进一步，要求两院的会议都向公众开放：“两院的大门须时刻向众人敞开，除非本州的利益要求辩论保密。”[2] 这两州的宪法，尽管也授权议会可在其认为必要时秘密议事，但仍旧确立起一条原则，即代人民立法的人应公开履职。

尽管各州的公开性正逐渐提升，但仍要到几年之后，人民才被赋予直接聆听国家议会审议的权限。邦联议会之所以不愿向公众敞开大门，很大程度上是由于它与人民的关系。与各州议会不同，邦联议会认为自己不是代表人民的议事机构，而是各州间的一个总议会。邦联议会的投票按州进行，而不以州的人口为基准。正如乔治·梅森后来在制宪会议上指出的，“根据《条例》……邦联议会代表各州，而非各州的人民；其行为对象是各州，而非个人”[3]。考虑到议会与各州的关系，邦联议会的绝大多数议员相信，议会只需向各州立法机关提供信息，便足以履行将其行为告知被代表者的职责；进一步向人民传播信息，则是各州议会的责任。但即便是在邦联议会上，风向也开始有所转变。

1783 年 4 月 30 日，议会宣布与英国停战还不满 3 周，宾夕法尼亚代表詹姆斯·威尔逊便提议：“将来议会的大门应该打开，除非投票需要或会议规则另有规定。”威尔逊为更高公开度辩护称：“在任何一个自由的国家，那些受委托主持公共事务的人如何行事，应让公众知道，这是十分重要的。”[4] 许多议员认为，威尔逊的提议有可取之处——人民应该有权了解其代表的所作所为——但与此同时，即便是支持威尔逊提案的人，心里也怀有一种忧虑，担心向公众提供的任何旁听席位都可能为宾夕法尼亚人所占据（议会当时在费城召开）。为解决这种忧虑，北卡罗来纳的休·威廉姆森（Hugh

[1] Pennsylvania Constitution, Sec. 13 (Sept. 28, 1776).

[2] New York Constitution, Art. XV (April 20, 1777).

[3] Gordon Lloyd, ed., *James Madison's Notes of Debates in the Federal Convention of 1787* (Ashbrook University, Ashbrook, OH, 2014), p. 331.

[4] Gaillard Hunt, ed., *Journals of the Continental Congress*, vol. xxiv (Government Printing Office, Washington, D.C., 1922), p. 313.

Williamson）提议，延后考虑威尔逊的提议，直至“议会提出将会址在某地固定下来，并获得某种权限，使其不再暴露于某个特定州的影响之下”。然而，即便在如此修改后，威尔逊的提议依然遭到否决。[1] 议会大门仍对公众紧闭。直到 6 年后，第一届国会根据新宪法召开时，这一政策才开始改变。

“日志条款”允许两院在官方日志中，隐去“依其判断需要保密的事务”；除此以外，新宪法并未明确提及保密制度。人们或许期待着，在与保密需求不相抵触时，众议院至少可以开门议事，但宪法并未作出要求；对国会中的任何一院，宪法也未明确授权其举行秘密会议。制宪会议根本没有处理国会的开放问题；尽管在各州制宪会议期间，有数州主张添加一条关于开放会场的修正案，但此案在第一届国会中没有得到采纳。

宪法中的“日志条款”，确实为参众两院向公众关闭会场，提供了间接依据——虽然当时的人未必认识到这一点。如果两院可以在日志中隐去“依其判断需要保密的事务”，那么就可以推论说，在任何讨论此类事宜的会议中，两院必然有权回避公众的视听。因此，召开秘密会议是一种隐性权力，可由参众两院自行裁量并行使。在决定向公众开放或关闭会议时，参众两院可制订具体的流程，依据是宪法第 1 条第 5 款第 2 项的规定：“两院应各自规定本院的议事规则。”

尽管宪法中缺少对于国会开门议事的具体规定，但环绕议会 25 年之久的秘密帷幕已到了揭开之时。在众议院，这几乎立刻就会实现；参议院的这一进程虽然缓慢些，却仍是不可否认也不可避免的。两院在向公众开放时所采取的步调，清晰地反映出各院如何看待与人民的关系。

1788 年 9 月 17 日，纽约市议会通过一项决议，将其市政厅赠予新的联邦政府作为正式会场使用。受该市聘请，皮埃尔 – 查尔斯 · 朗方（Pierre-Charles L’Enfant）少校——一位年轻的法国建筑师和工程师，曾志愿参加过独立战争——对联邦厅重做修缮和设计。朗方的新设计恰如其分地反映

[1]　Gaillard Hunt, ed., *Journals of the Continental Congress*, vol. xxiv (Government Printing Office, Washington, D.C., 1922), p. 313–315.

了在授予公众聆听会议的许可时，参众两院所采取的不同做法。

众议院

宪法将众议院设立为与人民联系更紧密的立法机构，因此在使人民知悉国会工作的方面，这一机构将扮演主导角色。鉴于众议院的身份是“人民的议院”，朗方设计将其置于联邦厅第一层，这一选址旨在使人民和他们选出的代表能够迅速召开会议。为容纳想要现场观摩众议院活动的观众，朗方在设计中还提出修建访客旁听区（visitors' gallery）。不同于偶尔发布的那些索然无味且常有缺漏的日志，众议院的访客旁听区将提供直接、实时的渠道，使公众聆听他们所选代表们的商议过程。

自 1789 年 4 月 1 日众议院首次会议起（这是 3 月 4 日以来首次达到法定人数），尽管宪法并未要求，但众议院仍开始向公众开放会场。众议院作出允许公众进入的决定前，显然没有经过任何辩论或投票。作为唯一由人民直接选出的立法机构，人们大多都认为众议院将开门议事。因而，众议院向公众敞开大门的决定，完美地呼应了这一新机构的宪法地位。弗吉尼亚代表亚历山大 · 怀特（Alexander White）在日记中指出了这一点：“我们敞开大门，使公众能够了解我们的辩论——这给人民带来的欢乐几乎无法想象。”[1] 怀特的看法反映出绝大多数众议员的心情。

除了允许公众在旁听席上观看会议过程，众议院的开门政策还更进一步。确实，众议员们时常将访客介绍给其他议员，甚至请他们在会场中落座。不过，开门政策并非没有负面效果。一位议员抱怨，有时访客的人数过多，以致众议员几乎无法挤到会场前方，将文件呈给主席。议员们常常

[1] Paul Blumenthal, “The History of Transparen—Part I: Opening the Channels of Information to the People in the 18th Century” (Sunlight Foundation, Washington, D.C., March 23, 2010).

找不到私下磋商的地方。[1] 尽管在审议机密事务时，或旁听席中发生哄闹时，[2] 众议院一度关闭访客席位，但总体上，众议院的大门是向公众保持开放的。仅有那么一次，有人试图通过正式程序修改这一政策。

1800 年 6 月，在约翰 · 亚当斯政府时期，联邦政府迁往华盛顿特区。当时在国会大厦里，众议院所在的一翼尚在建设，便在参议院那一翼召开会议。1804 年 11 月 7 日，宾夕法尼亚代表迈克尔 · 莱布（Michael Leib）“发现由于众议院缩小，可容纳的议员数量也大为受限”；为缓解过度拥挤，他提议“撤销允许议员引入外人（的规则）”。次日众议院对莱布的提议作最终票决时，有人提出一项修正案，要求在新增条款中规定 ：“自由人民以外的黑色和有色人种，应被排除于旁听席之外。”黑色人种的美国人，自 1789 年众议院召开会议以来，通常都被允许进入访客旁听区。莱布的提议“引发了一些讨论，之后……在众议院产生分歧的情况下，似乎只得到一位议员的赞成”。莱布最初提出的“除参议员和速记员以外，一切人等均应从会场排除”，同样遭到挫败。[3]

尽管众议院大体上采取开门政策，但从总统处接收机密通信这一做法，却是个显著的例外——即便该通信的内容已为公众所知。1792 年 1 月，华盛顿总统向国会发出一则消息，要求为军备建设拨款。按照惯例，应提出动议清空旁听席，但有人提出反对，称许多报纸早已刊登了这则消息。这一反对意见遭到了否决，理由是“虽然（在公开的会场上）宣读（这则消息）或许亦无不妥，但由于它是从行政部门处秘密接收的，因而若在旁听席开放之时宣读，则会明显地僭越规矩和体统”[4]。1 个月后，众

[1] *Annals of Congress*, U.S. Senate, 3d Congress, 2d Session, January 27, 1795 (Gales and Seaton, Washington, D.C., 1855), p. 1146.

[2] Roy Swanstrom, *A Dissertation on the First Fourteen Years Of The Upper Legislative Branch*, U.S. Senate Bicentennial Publication No. 4 (Washington, D.C., 1988), p. 241, n. 17.

[3] *Annals of Congress*, House of Representatives, Eighth Congress, Second Session, November 7 and 8, 1804 (Gales and Seaton, Washington, D.C., 1852), p. 680.

[4] *Annals of Congress* (Gales and Seaton, Washington, D.C., 1849), p. 348.

议院通过一条正式规则，用于处理来自总统的消息。这条新的议事规则规定："在宣读此类消息时，以及在与此相关的所有辩论和会议过程中，众议院应清空除议员和职员以外的所有人员。"[1] 这些议事内容则被记入众议院的秘密日志。然而在 1793 年 12 月，反对党控制下的第 3 届国会，修改了此项规定，宣称国会有权在其认为妥当时公布与总统通信的内容。

参议院

在会场开放的问题上，美利坚合众国的参议院采取了迥异的做法。1789 年 3 月 4 日，参议院在联邦厅正式召开首次会议（但直到 4 月 6 日才达到法定人数）；[2] 当时，人们大多认为参议院的议程——不论是立法性的还是行政性的——不会对公众开放。人们如此确信地设想参议院将秘密议事，以致朗方在重新设计联邦厅时，便将参议院小心翼翼地安放到第二层。而且，不同于众议院的设计，朗方在设计这一"上院"时，并未留出访客旁听区。

参议院不仅对公众人士紧闭大门，而且不免令人感到惊奇的是，它对待众议员和其他的政府官员也同样如此。众议院允许外人进入，而参议院中却连众议员都不许入内。[3]4 月 7 日，即参议院会议的第二天，詹姆

[1] *Annals of Congress* (Gales and Seaton, Washington, D.C., 1849), p. 414.

[2] 1789 年 3 月 4 日前，11 个州已签署宪法，因而依法有权向国会派出代表团。然而 3 月 4 日当天仅有 5 个州到场。由于不到定额，参议院每日休会，直至 4 月 6 日，弗吉尼亚的理查德·亨利·李抵达并落座于议院，从而达到 6 个州的最低限额。3 月 11 日和 18 日，国会向缺席的参议员发去了信件，"请立即到会"，并表示希望"你们不会令我们和公众的期待落空"。参阅：Senate Journal, First Session, pp. 5–6 (March 4, 1789) (Washington, D.C., 1820)。

[3] United States Senate, Senate Historical Office; source, Roy Swanstrom, *A Dissertation on the First Fourteen Years Of The Upper Legislative Branch*, U.S. Senate Bicentennial Publication No. 4 (Washington, D.C., 1988).

斯·马瑟斯（James Mathers）被任命为守门人，这一职位与他在大陆会议期间担任的职位相似。对于意图秘密开会的立法机关而言，守门人的位置殊为重要。马瑟斯的首要职责便是，确保参议院的大门在常规开会的6个月内保持紧闭。据说他得到的命令是："公众不得人内；众议员不得人内。"然而，对总统的规定则属于例外；参议院曾指派一委员会负责研究"在拟定条约和任命官员等问题上，总统与参议院之间应采用何种沟通方式"，并依据其建议作出例外规定。1789年8月21日，参议院一致同意，当总统到场与参议员会面时，他"在会场上应有一把椅子"[1]。除此之外，非参议员或参议院的雇员均不得进入。

参议院对待向公众开放会场一事的态度，大体上反映出它在宪法中的角色。不同于由人民选出的众议院议员，参议员是由各州立法机关选举的。1913年宪法第17修正案被批准后，才开始直接选举参议员。通常认为，参议员们应接受各自立法机关的"指示"，而非直接听命于人民。鉴于参议员与各州立法机关的关系，他们之中的多数人并不认为自己直接代表人民——这应是各州立法机关的责任。此外，参议院几乎全由年迈的政治家组成，在他们看来，自己扮演的角色是在外交政策和其他"行政"事务上向总统提供建议，因此闭门会议对于这一角色是完全恰当的。多数参议员认为，向公众打开参议院大门既无必要，也不适合其宪法职责的履行。再者，参议院继续执行关门政策只是沿袭了大陆会议的做法；大陆会议同新的参议院一样，代表的是各州的——而非人民的——利益。如果在新宪法中参议院的角色不变，那么便可以推论，参议院的程序和仪轨亦无明显需要改变的理由。

人们认为，同早前数次全国会议的代表一样，参议员应对会议审议内容保密——尤其在举行行政性会议之时。参议院最早采纳的规则之一便是："当大门关闭时或每当主席下令时，便应遵守不可侵犯的保密制度，

[1] Executive Journal of Senate, vol. 1, p. 19 (August 21, 1789).

这一制度对参议院中处理的一切事务均适用。”[1] 参议院的规则誊写在羊皮纸上，在议事厅的显眼位置展出。当有参议员违反某条规则时，“他的名字和他的违规行为将一同写在纸条上，附于规则末尾，一直保留到参议院……作出相关命令为止”[2]。

参议院另外一点也与众议院不同：许多参议员自视为美国新贵族阶级的一分子。确实如此，在参议院召开会议的首个月，许多时间都用来与众议院持续争论一个问题：“除宪法的规定之外……对总统和副总统之职，应冠以何种名衔或称号方属妥当？”[3] 参议院中许多人认为，为使政府高级官员获得来自外国的应有尊敬，向他们授予尊号是十分重要的。某次，在参议院讨论应如何称呼总统时，华盛顿的副总统兼参议院议长约翰 · 亚当斯，竭力主张称总统为“陛下”或“殿下”。这些称号被时任美国驻法公使的托马斯 · 杰斐逊讽为“至高无上的荒谬”。受参议院指派研究此事的委员会亦极尽浮夸，在（1789 年 5 月 14 日提交的）最终报告中，建议应将总统称为“美利坚合众国总统及其自由的守护者殿下”。最终，参议院因“冀望与众议院维持和谐……而（认为）当与众议院一致行动”：乔治 · 华盛顿将被简单称作“合众国总统”。然而，两院间的这一分歧却表明，新的参议院中弥漫着一种自命不凡的气息——这种自命不凡还可能会波及参议院与美国人民的关系。

众议员通常希望与自己所代表的人民建立并维持亲密的关系，但参议院中的许多人却认为，自己的职位事实上要求他们避开舆论压力。新罕布什尔州的佩因 · 温盖特（Paine Wingate），是参议院关门政策最忠实的拥护者。他便表达出这种想法：“我希望，本机构的私下行为或公共议程，不

[1] Rule 11 of the Rules of the First United States Senate; *Journal of William Mcclay*, Edgar S. Mcclay, ed. (D. Appleton and Co., New York, 1890), p. xiv.

[2] Rule 16 of the Rules of the First United States Senate; *Journal of William Mcclay*, Edgar S. Mcclay, ed. (D. Appleton and Co., New York, 1890), p. xiv.

[3] 关于总统之衔的起源，可参见以下精彩论述：Randolph Keim, *Society in Washington* (Harrisburg Publishing Co., Washington, D.C., 1887), pp. 31–33。

要暴露在平民百姓的日常监督之下。”同许多参议员一样，温盖特相信，某种庄严的超然姿态事实上将提升人们对参议院的敬意。“离人们的视野稍远一些，”他解释说，“将有利于它在全国人民心目中的尊崇地位。”[1]约翰 · 亚当斯与温盖特所见略同，认为参议院应与人民保持适当距离。亚当斯和他的支持者们，热衷于为参议院树立一个伟岸的形象；他们相信，保密制度所产生的神秘性，是这一形象的必要部分。若允许公众俯临审视参议院的工作，将有悖于后者的崇高形象。多数的参议员认为，对大众公开会议过程，只会损害参议院作为国会“上院”的地位。

尽管采取关门政策，但时不时地，参议院也对更高程度的公开作出让步。参议院曾指派一委员会，负责研究在会议日志中，应以何种形式和范围记录参议院的活动。1789 年 5 月 19 日，早在参议院首次会议初期，该委员会的报告便得以通过。报告建议：印出 120 份参议院官方日志的副本，每位参议员人手一份；参议院举行立法性会议时，日志中应涵括一份会议内容的概要，但不作详细记录；参议院行政性会议的记录，将“录入并保存在单独的（秘密）书册中，与其他区分开”[2]。该委员会还提议，日志“每次发布前应进行修改，负责修改的委员会，应不时地为这一目的选派组成”[3]。很快，6 月 2 日，参议院通过一项众议院已于 5 月 28 日采纳的决议，将副本数量提高到 700 份，从而使两院立法性会议的日志记录，能够被分发到国家和各州两级政府的行政、立法和司法部门。[4]委员会同时建议，在每次议会休会后，刊印 600 份《国会法案》（Acts of the

[1] Swift, Elaine, *The Making of an American Senate: Reconstitutive Change in Congress,1787–1841* (University of Michigan Press, Ann Harbor, 1996), pp. 58–59.

[2] *Annals of Congress*, Senate, First Congress, First Session, May 19, 1789 (Gales and Seaton, Washington, D.C., 1834), p. 39.

[3] *Annals of Congress*, Senate, First Congress, First Session, May 19, 1789 (Gales and Seaton, Washington, D.C., 1834), p. 39.

[4] *Annals of Congress*, Senate, First Congress, First Session, May 19, 1789 (Gales and Seaton, Washington, D.C., 1834), p. 44.

Congress）的副本。会议期间，每项立法的 22 份副本将被存于总统处，同时要求总统将该法案的 2 份副本送至“各州的最高行政机关”。然而，对于会议日志或《国会法案》在更广泛人民中的传播问题，参议院并未作出规定。

尽管参议院宣称其官方记录已足以使人民知情，但会议日志并未完全捕捉到参议院大门背后发生的真实故事。在数日乃至数周之后阅读参议院的日志，远不能替代对参议院活动逐日的第一手记录。况且，即便日志内容准确——往往并非如此——其中也只汇报了每位参议员在某一具体问题上的投票；而且即便这种做法，还必须以五分之一的参议员要求公布个人投票为前提。由于日志中不包含任何实际的会场辩论，公众对某参议员投出某一票的缘由，基本上仍旧一无所知。

即便在为参议院的关门政策辩解时，多数参议员也没有认真对待的一个重要问题是，公众有权了解参议院活动、了解每位参议员在具体立法提案上的投票结果。这些参议员的立场很简单，他们认为，宪法要求保证各州立法机关及美国公众能充分知悉参议院的活动，对此，他们只需做到定期公布官方日志，就是完全履行职责了。此外均非必要之事。

当然，许多参议员也意识到，关门政策使他们失去在公众面前一展辩才的机会。参议院中的雄辩家自然不在少数。但另一方面，围绕审议过程的保密制度，也为他们免去了在公众面前口吃失言的危险——不论是作为个人还是作为一个机构。参议员佩因·温盖特在私人信件中，指出这种益处：“个体和群体身上，都存在某些与生俱来的隐癖，而且会场上还存在着一些可能相当严重的错误，最好隐藏起来不为人知。即便是家风最严的家庭，若将他们一丝一毫的家务事都曝光于世人面前，将会如何呢？何况是更大的一个群体？”[1] 因此，尽管时而有人呼吁扩大公开度，但参议院关门议事的政策始终岿然不动。

支持关门政策的参议员们敏锐地指出，将公众拒绝于会场之外，并

[1] *Gazette of the United States*, March 17, 1792.

不必然意味着会议内容完全向公众保密。与早先几次全国会议中的做法不同，参议员和众议员未被要求宣读保密誓言。众议员基本可以自由地公开谈及众议院的活动，除非曾有具体决议要求对会议内容的某些部分进行保密。参议员同样可以自由地讨论立法性事务——通常认为，公众在这些事务上拥有最重大的利益。然而，对于参议院在行政性会议上处理的一切事务，以及参议院在立法性会议上处理但会议主席下令保密的事务，参议员仍应保守秘密。

参议院的关门政策并非不存在政治代价。正是这种代价，最终迫使参议院改弦更张。不出所料，围绕会议的保密工作使许多美国人心生疑窦，认为参议院是一处黑暗神秘之地，里面不断酝酿着反对公共利益的秘密阴谋。众议院则截然相反，它基本以公开的方式处理事务，显得光明磊落。政治上更令人担忧的是，参议院意识到，由于许多美国人在当地报纸上只读到众议院的辩论记录，却极少见到有关参议院的任何叙述，他们便将“众议院”认作“国会”的同义词，而几乎完全忽视了参议院的存在。众议员正逐渐被视为新政府真正的立法领袖，因此一些参议员担心，参议院有被遗忘的风险。

在宾夕法尼亚州的卡莱尔市（Carlisle），有报纸在社论中对参议院及其对保密的精英主义偏好，表达出一种普遍的、近乎蔑视的态度：“参议院由谁主持对公众来说毫无干系：他们选择不让公众了解其政治行为背后的任何理由；因此公众也不为他们烦神，只是嫉恨地注视着他们，试图尽早把他们赶走。”[1] 对于参议院拒绝开门，即便是华盛顿总统也感到困惑。“他们为何在行使立法性职能时关上大门，”华盛顿说，“我也没法告诉你。”[2]

米拉波伯爵奥诺雷－加百列·里克蒂（Honoré-Gabriel Riqueti），是法

[1] Robert C. Byrd, ed. Mary Sharon Hall, *The Senate 1789–1989: Addresses on the History of the United States Senate*, vol. 1 (Washington, D.C., Government Printing Office 1988), p. 27.

[2] John C. Fitzpatrick, ed., *The Writings of George Washington*, vol. 30 (George Washington Bicentennial Commission, Washington, D.C., 1939), p. 363.

国的民粹主义者；法国大革命早期，在统治法国的国民议会中，他是一位关键领袖。对于参议院这一保密政策，他也是最严厉的批判者之一。米拉波写道："美国的贵族同侪（Peers of America）不屑于受下人眼睛的注视，他们的金口玉言只是自己人的天籁，而绝不能传到那些粗鄙大众如盼甘霖的耳朵里。"[1] 米拉波选用"美国的贵族同侪"一词，是为将美国参议院等同于英国上院。不论读者作何想法，米拉波无疑是想把这种对比当作羞辱。一位笔名为"孔多塞"（Condorcet，大概取自法国哲学家、政治科学家尼古拉·德·孔多塞 [Nicolas de Condorcet]）的记者，表达出许多美国人的态度："这种贵族的藩篱，这种隐瞒，这种对显赫身份的矫揉造作，只会与共和政府的精神格格不入……它显示出，这一公共机构有一种不友好的倾向，想要掩盖其行径——正心正行是不畏惧，也不羞于公开的。"[2] 菲利普·弗雷诺（Philip Preneau）是詹姆斯·麦迪逊的普林斯顿同班同学，也是政府保密制度的激烈反对者。1791 年，他在麦迪逊和托马斯·杰斐逊的聘请下，主持反联邦主义报纸《国民公报》。弗雷诺对参议院中的"贵族集团"大加鞭挞，他写道："要想设计和掩盖变节行为，保密是必要的；诚实者在公众面前不会退缩。"对参议院的关门政策，弗雷诺展开了无情的攻击，他还曾在《国民公报》上写道，"参议院以为贵族院（House of Lords）有特权，且自己占取了这些权力。我的公民同胞们，要记着：你们仍是自由人民。愿你们铭记，不是你们依赖议员，而是他们依赖你们。愿这条真理永远浮现于你们面前：议员们的保密制度是一条蠹虫，它掠食你们自由的命脉，养肥它自己"[3]。弗雷诺的攻击广受美国人欢迎。尽管打赢了独立战争、通过了一部新宪法，但普通的美国人依然存在着深重的怀疑，认为贵族势力仍旧健在——尤其是在参议院中。

---

[1] *National Gazette*, February 13, 1793.

[2] *National Gazette*, August. 8, 1792, quoting the *National Asylum*.

[3] Samuel E. Forman, "Political Activities of Philip Freneau," in "The Johns Hopkins University Studies in Historical and Political Science," vol. XX (Johns Hopkins Press, Baltimore, 1902), p. 528.

距第一届国会开幕仅 6 个月后，便出现了试图揭开参议院秘密帷幕的第 1 次动作。1789 年 12 月 16 日，弗吉尼亚议会指示其参议员威廉 · 格雷森（William Grayson）与理查德 · 亨利 · 李，以“他们的最大努力”使参议院向公众开放大门。为此，1790 年 4 月 29 日，这两位参议员提出一条决议。决议中规定：“参议院在行使立法性职能时应开启大门，使想要旁听的美国公民有机会聆听辩论。”[1] 然而，这一决议仅能使参议院的大门打开一半。决议仍旧允许参议院在召开行政性会议时闭门磋商，因此，仅有立法性会议向公众开放，行政性会议仍将私下进行。尽管无人对此提出明确反对，但“它被投票否定”，仅仅征集到 3 票赞成。虽然遭此失败，但为扩大参议院的公开程度，弗吉尼亚议会仍旧继续奔走，还时常致信其他各州，敦促各州指示其参议员加入呼吁开门政策的队伍中。

开启参议院大门的第 2 次尝试，发生于 7 个月后的 1791 年 2 月 24 日。弗吉尼亚的詹姆斯 · 门罗提出一项动议，要求从下一届国会的首日起，采取一套经过详细限定的议事规则。门罗的提议要求，仅“在参议院行使立法性议事职能，且不属于依其判断需要保密的场合”，向公众开放参议院大门。为将公众容纳进来，提案还指示参议院秘书，要其请求费城官员“促成相应旁观席的建立，以容纳听众”。相比先前的决议，门罗的提议对改变参议院做法的要求更少。决议中完全保留了行政性会议的机密性，并且规定仅在参议院不作出相反“判断”时，方对公众开放立法性会议。但即便作了这些限制，门罗的提议仍以 7 比 19 的票数遭到否决。[2] 票数的分布表明，维持关门政策，并不像人们可能预计的那样，纯粹是一个派系政治问题。投票赞成关门政策的，既有支持政府的参议员，也有反对政府的；反对这一政策的议员中，情况也是如此。支持政府的参议员巴特

[1] *Annals of Congress*, Senate, First Session, April 29, 1790 (Gales & Seaton, Washington D.C., 1820), p. 135.

[2] *Annals of Congress*, Senate, First Session, April 29, 1790 (Gales & Seaton, Washington D.C., 1820), p. 287.

勒、福斯特（Foster）、鲁弗斯·金，与反对政府的参议员吉恩（Guinn）、威廉·麦克莱（William Maclay）、门罗，共同支持这一决议；而支持政府的参议员卡罗尔（Carroll）、迪金森、埃尔斯沃思，与反对政府的巴西特（Basset）、温盖特和亨利，则一同投出反对票。[1]

1792年初，参议院稍稍向总统开放了会场。之所以触发这一政策转变，是因为《国民公报》在未经授权的情况下，公开了两位特使的姓名——这两位特使受华盛顿总统派遣，就向美国开放密西西比河通航权一事，与西班牙商订条约。为确保日后总统来信的保密性，参议院于1月27日通过决议，规定“合众国总统应不时地获得参议院行政性会议的可靠记录”，但决议进一步规定，“今后参议院秘书不得发布任何行政性事宜”。除总统以外，不允许其他人知晓参议院闭门会议期间的行动。尽管总统不受参议院的保密规则制约，但记录表明，至今没有总统公开披露过参议院行政性会议内容。参议院的保密强制令将在此后的137年中始终有效。直到1929年6月18日，参议院才最终投票决定，公开所有立法性和行政性议事内容。[2]

不管是由于弗吉尼亚的推动，还是只是自发行为，到1792年时，越来越多的州议会开始呼吁参议院开门议事。一些州认为，开门议事是宪法对人民主权的主张中不可分割的一部分。毕竟，一方面坚持人民主权理念，另一方面拒绝向公众开放会议旁听权，参议院要如何调和两者之间的矛盾呢？另一些州则有更为实际的担忧。这些州——以弗吉尼亚和北卡罗来纳最为突出——逐渐发现，自己愈发难以“指示”自己的参议员，因为参议院几乎所有工作都闭门进行，要了解本州参议员的行为，也基本限于参议院日志中所报道的内容。

[1] *Annals of Congress*, Senate, First Session, April 29, 1790 (Gales & Seaton, Washington D.C., 1820), p. 287; Francis Lieber and Theodore Dwight Woolsey, *On Civil Liberty and Self-Government* (J.B. Lippincott and Co., London, 1888), pp. 139–140.

[2] United States Senate, “The Senate in Session,” Senate Historical Office Online; Mildred Amer, “Secret Sessions of Congress: A Brief Historical Overview,” Congressional Research Service: Library of Congress (Washington, D.C., 2004), p. 2.

尽管要求参议院开门议事的呼声愈发强烈，但支持延续关门政策的人也并非没有理由。首要的论点便是，众议院的开门政策频频导致过分的言辞，众议员们时常迎合旁观席上的党派情绪。确实常有这种状况。而且，由于访客鼓掌、以手杖杵地，或听到他们所赞成的观点时高声叫“好”，众议院的辩论经常被打断。[1] 另外，参议院由一小群观点相似的人组成。在许多参议员看来，参议院的关门政策能促进文明理性的对话，避免因旁观席中的喧扰而分心。与众议院不同，参议院是体统的典范。许多参议员担心，若向公众开放大门，参议院将变得与众议院过于相似——在一些议员看来，后者更像一场狂欢，而非审慎的立法机构。

有观点认为，开门会议将更广泛地传播有关参议院及其工作的信息，对此，关门政策的辩护者也提出异议。他们指出，媒体在报道众议院活动上的偏差人尽皆知，这同样不无事实根据。由于众议院本身没有正式的速记员，公众只得依赖屈指可数的几位——有时仅有一位——记者，他们受各家报纸雇用，被派去报道众议院会议。他们所记录的会议内容，常常有失完整和准确，甚至随记者本人的政治偏见而有所倾向。有时，众议院会场上的一些发言完全被忽略。[2] 参议院政策的辩护者认为，在自家议院的会议记录中，没有任何理由要引入相同的错误。再者，参议院若建立旁听席，席位将主要被费城人占据（国会当时在此召开），关门政策的拥护者因而得以主张——同样不无道理——参议员将面临受本地偏见过分影响的现实危险。“对宾夕法尼亚人显得不妥当的事，”北卡罗来纳的詹姆斯·艾尔德尔（James Iredell）警告道，“可能实际上在北卡罗来纳大受欢迎。”[3]

---

[1] Reported, e.g., in *Gazette of the United States*, March 17, 1792; *also* Roy Swanstrom, United States Senate, Senate Historical Office; *A Dissertation on the First Fourteen Years Of The Upper Legislative Branch*, U.S. Senate Bicentennial Publication No. 4 (Washington D.C., 1988), p. 243, n. 25.

[2] McPherson, pp. 10–20.

[3] Justice James Iredell to John Hay, April 14, 1791, Griffith J. McRee, *Life and Correspondence of James Iredell*, vol. 2 (D. Appleton and Company, New York, 1857), p. 328.

为了打开参议院的大门，人们不懈努力，却屡试屡败。1792 年 3 月 26 日，（弗吉尼亚参议员詹姆斯 · 门罗和理查德 · 李）进行过尝试；3 周后的 4 月 18 日，（佐治亚的参议员威廉 · 菲尤 [William Few] 和詹姆斯 · 冈恩 [James Gunn]）再次尝试。3 月的第 1 次决议遭受挫败后，4 月的第 2 次决议在范围上作出让步，仅允许众议员出席辩论，而且仅限于参议院召开立法性会议之时。这项决议，尽管并未规定总体上开放立法性会议，但允许每位参议员"批准不超过 2 人入内"。为避免过度拥挤的风险，决议中还包含一则条款，将生效日期延迟"至参议院的会议厅充分扩容之后"。但即使作了这些限制，提案依旧以失败告终。[1]

1793 年 1 月 3 日，开门政策的支持者采用了一项不同的策略。他们并不仅仅呼吁开放参议院的大门，而是提出更为广泛的决议，一一驳斥关门政策的支持者提出过的种种主张。这份决议首先声明，参议员"自身行为须对选民负责；选民有权获得信息，以对参议员的行为形成合理的评估"。决议指出，"会议日志卷帙浩繁且过于昂贵，无法广泛流通"，而且即便此说不确，"它们所包含的关于议员个人原则、动机和方案的信息"，也"并不充分"。许多时候，有人故意拒绝在日志中记录反对意见，企图掩盖反对方的存在。除非能征集到五分之一的投票，否则连赞成和反对的票数，可能也得不到记录。决议的支持者继续争辩说，日志中反映的信息"残缺至此，竟还会因为不断冒出的理由，而变得更不充分、更令人费解，这是因为日志是参议院自己制定的"。换言之，参议院审议重要问题时的日志记录，在完整程度上常常不及它对例行事项的记录。最后，决议中说："由于这种信息的隐瞒，选民影响立法机构之一（参议院）的能力被大大削弱，在防止滥权和乱政方面，过去经验得出的最佳保护措施遭到毁弃。"[2] 在缺少舆论制约的情况下，参议院行事时更有可能与公共利益相反。当然，这种影响力的削弱所产生的效果也是两方面的。参议院向公众

[1] Journal of the Senate, April 18, 1792, p. 429.

[2] Journal of the Senate, January 3, 1793, p. 467.

隐瞒信息的同时，也难以为其立法项目积累公众的支持。尽管决议的支持者们提出了有力而完备的论点，但决议仍旧以10票赞成对18票反对遭到挫败。[1] 对于一些参议员而言，开门运动是对他们总体进攻的一部分，针对的正是他们政治哲学的风格和实质。他们本能的反应便是简单地一致对外。维护参议院的关门政策成为一个原则问题。

然而，促使参议院改革的压力仍在积聚。到1794年初，改革契机再一次显露出来。这次的主人公是瑞士裔美国人艾伯特·加勒廷（Albert Gallatin），1793年他被宾夕法尼亚州议会选为参议员；这次的事件是，就他是否符合宪法（第1条中）对参议员须"取得公民资格满9年"的要求，而展开的一场辩论。参议院对于这一问题的裁判权来自宪法第1条第5款，其中规定国会的两院"应各自审查本院的选举、选举结果报告和本院议员的资格"。

第三届国会于1793年12月2日召开时，加勒廷（反联邦主义者）宣誓就职。同日，加勒廷的几位政治对手（均为联邦党人）向参议院提出正式抗议，控称加勒廷取得公民资格未满宪法所要求的9年。负责对这项请愿进行初步事实考证的委员会发现，加勒廷确实未能满足年限规定。加勒廷对委员会的报告严加质问，称自己在合众国生活了13年，而更重要的是，他曾在大陆军中光荣服役。加勒廷争辩道："每一个在美国革命中积极效力的人，按伟大的理性法（law of reason）和自然法（law of nature）而言，都是公民；而后来创设的实在法（positive law），却对处于（加勒廷的）这种困境的人有追溯力……新宪法对国会的议员有特定的资格要求……但在宪法被批准以前便已成为公民的人，不该被剥夺作为公民的权利。"[2] 考证报告与加勒廷的抗辩被送至另一委员会，该委员会认可第一个委员会关于加勒廷公民权未满年限的认定。随后此事被交至参议院全会作

[1] Journal of the Senate, January 3, 1793, p. 467.

[2] "Compilation of Senate Election Cases From 1789 To 1913," pp. 162–163, Senate Doc. 1063 (Washington. D.C., Government Printing Office, 1913).

最终定夺。

参议院的会议当时正在费城召开，许多参议员敏感地觉察到自身的尴尬处境——他们要质疑甚至可能推翻宾夕法尼亚议会的决定，而后者正在相邻建筑中召开会议。参议院认为，以秘密投票罢免加勒廷之后，几乎必然会招致将参议院比为“星室法庭”[1]的指控。为免于受到指控，参议院于1794年2月11日以多数作出决议：“在讨论艾伯特·加勒廷先生的当选争议时，参议院大门将打开并保持开放。”[2]加勒廷最终于2月28日被解除职位，投票结果是两方接近的、以党派划界的14对12。

参议院在加勒廷案调查期间决定开门议事，这使它成功免于被比作“星室法庭”。然而这一决定带给公众的实际利益却很有限，原因是参议院中当时尚无旁观席。公众无处观看加勒廷案审议，而媒体人员甚至未被允许进入参议院的会场——他们被要求在走廊中报道聆讯内容。但不论如何，加勒廷案中的这一决定，仍然标志着对参议院关门政策的一次重大突破。

几天后的1794年2月20日，参议院终于通过了北卡罗来纳的亚历山大·马丁之前所提议案的一个版本，同意向公众开启大门。[3]在过去5年中，开门政策的支持者已屡遭拒绝，但自马丁提案以来，环境发生了迅速转变。来自东北部的几位联邦党参议员改换阵营，加入长久以来支持开门政策的参议员中。尽管《国民公报》当时不再出版，但弗雷诺的抨击已经点燃了辩论。人们越来越认为，美国政治权力的合法性是取自

[1] 星室法庭（Star Chamber）是15世纪至17世纪英国最高司法机构，是英国专制制度的象征。——编注

[2] Journal of the Senate, February 11, 1794, p. 43.

[3] 参议员马丁的论述总结了过去5年中支持开门政策的所有观点：“参议院采取在报纸上印发日志及摘要的模式，这不能达到传播足量信息的目的。当议员向公众隐瞒个人的原则和企图时，责任制便毁掉了；而审议内容如果公开，影响力会更大：权力滥用和乱政将更容易被打击和纠正，公众因秘密立法而产生的嫉恨将被遏止，我们的公民也将对中央政府寄予更大信心——公民的生命、自由和财产将由它来服务和保护。”参见：Journal of the Senate, January 16, 1794, p. 22。

公共性和公开性，而不是植根于贵族制下英格兰的封闭传统。面对倾向于扩大公开度的大众情绪，保密派势力仅能保住对马丁提案进行一些修正：首先，将政策的改变延至下次会议；其次，规定新的开门政策仅适用于立法性会议。修正后的马丁提案以压倒性的19票对8票获得通过。下一次国会上，在议院行使立法性职能时，参议院的旁听席（尚待修建）将向公众开放，除非参议院以多数票明确作出相反决定。然而，行政性会议仍将闭门举行。

虽然胜利能带来一些好处，但参议院政策的转变并非没有代价。对马丁提案开展的辩论异常尖刻，从而留下了难以迅速愈合的政治伤疤。亲眼见证数位亲密同僚受到激进开门政策支持者的痛斥后，约翰·亚当斯向妻子致信说："这种政策的效果会如何……我不知道；但它所引发的争论，罪孽深重。这场争论被当成一件工具，把一些最能干、最独立的议员弄得不得人心。"[1]

对参议院自下次会议起将公开立法性会议的期望并未实现。修建访客旁听区几乎用去2年时间，主要是因为未能及时确保必要的建筑经费。结果，参议院在第三届国会的整个第二次会议期间（1794年11月3日至1795年3月3日），仍旧不对公众开放。直到第四届国会召开时（1795年12月7日），参议院的立法性会议才终于向公众开放。2天后的1795年12月9日，参议院通过一项行政性决议，要求"在上述限制下，允许参议院的旁听区于每日上午开放；为此目的，参议院已于上次国会休会期间修建并供有一处合适的旁听区"[2]。然而，参议院的行政性会议仍将向公众继续保密134年——直至1929年。

对于参议院新的开门政策，公众的反应并不如政策拥护者所期待的那样喜出望外。后来，西弗吉尼亚参议员罗伯特·C. 伯德（Robert C.

[1]　John Adams to Abigail Adams, February 23, 1794; "Adams Family Papers: An Electronic Archive," Massachusetts Historical Society.

[2]　Journal of the Senate, December 9, 1795, p. 197.

Byrd)，在他的美国参议院院史中写道："没有出现涌向参议院观摩会议的人群。20 多位谦谦君子彬彬有礼地讨论当日议题的场景，几乎完全无法与楼下众议院中的喧嚷相比。"[1] 然而，参议院大门的开启是一项重要决定，其重要性将随着年月愈发显现出来。尽管它并未立即使参议院获得人民的嘉许，但它确实消除了令人民和参议院疏远的烦人症结。

现代的闭门会议

新宪法最初的 20 年中，众议院的会议基本均向公众开放。然而 1812 年战争期间，众议院恢复了秘密举行许多会议的做法。尽管全面运转的行政部门当时已经就位——包括总统、战争部部长和国务卿——但国会两院依旧在国防和外交问题上保留着重要的角色。这些事务——包括与战争相关的总统秘密通信——的审议，均通过秘密会议来进行。

1812 年战争结束后，[2] 议院恢复开门议事。自战争结束至 1830 年的这段时期，众议院仅有 2 次向公众关闭大门，均为了接收总统的秘密通信：第 1 次是 1825 年 12 月 27 日（关于与印第安部族的关系），第 2 次是 1830 年 5 月 27 日（关于与大英帝国的贸易关系）。1830 年以来，众议院仅在 4 个场合举行过秘密会议：1979 年 1 月 20 日（关于 1979 年巴拿马运河的法案）；1980 年 2 月 25 日（古巴与其他共产党执政的国家对尼加拉瓜的影响）；1983 年 7 月 19 日（美国支持在尼加拉瓜开展准军事行动）；以及

[1] Robert C. Byrd, "The Senate 1789–1989, Addresses on the History of the United States Senate," vol. 1, ed. Mary Sharon Hall (Government Printing Office, 1988), p. 128.

[2] 1812 年战争期间，美国遭受了数次后果惨痛的失败，包括 1814 年 8 月 24 日首都华盛顿特区的陷落和焚毁。然而，在纽约、巴尔的摩和新奥尔良，美国军队成功击退英军的攻势，从而迫使英国坐到谈判桌前。1814 年 12 月 24 日，两国签订《根特条约》(Treaty of Ghent)，终止敌对状态。1815 年 2 月 16 日，条约由参议院正式批准。

2008年3月13日(《外国情报监控法》)。[1] 自1929年参议院终于同时开放立法性与行政性会议以来，该院曾在57个场合下举行闭门会议，次数远超众议院。绝大多数闭门会议是为审议国防和外交情报事宜而举行的。然而，最近的6次秘密会议，则发生于1999年威廉·J. 克林顿（William J. Clinton，比尔·克林顿的全称——编注）总统弹劾案的审讯期间：2次涉及程序事宜，另外4次发生于参议院对弹劾案作最终商议期间。[2]

如今的参众两院几乎总是开门议事。然而，两院的议事规则中均有向公众关闭会场的规定：众议院规则第17条和参议院规则第21、24、31条。两院会场上提出关门议事的动议，包括大门关闭后将要遵循的程序，通常在提出之前便已获得所在院领袖的同意。当众议院或参议院——或两者的任何委员会和小组委员会（subcommittee）——举行秘密会议时，议事厅和旁听席上只能留下议员、官员、议院规则中具体指明的其他雇员（例如议院秘书和警卫官），以及那些经会议主席认定对讨论事项而言有必要在场的人，其余人员则全部清走。会议厅清空之后，大门旋即关闭。参议院中的人员须宣誓保密，众议院的人员则要签署保密保证书。对违反保密要求者，可依据两院各自的纪律规定进行处罚。两院议员可受到的一系列惩罚包括：取消资格、罚款、警告批评、谴责乃至逐出。官员与雇员也可受到种种纪律处分，上至解职。[3] 然而参议院在克林顿弹劾案期间，确实对议事规则稍稍作了修改。在4次闭门磋商中的第1次会议开始前，参议院达成一致，下令允许每位参议员于聆讯结束时，“在《国会记录》（*Congressional Record*）中写入一段表明其对弹劾案观点的陈述——参议

[1] *See* Christopher M. Davis, “Secret Sessions of the House and Senate,” Table 2 (Congressional Research Service, December 30, 2014).

[2] *See* Christopher M. Davis, “Secret Sessions of the House and Senate,” Table 1 (Congressional Research Service, December 30, 2014).

[3] *See* Christopher M. Davis, “Secret Sessions of the House and Senate: Authority, Confidentiality, and Frequency” (Congressional Research Service, December 30, 2014).

员（亦）可选择一段其在闭门磋商期间曾经发表的陈述”[1]。100 名参议员都行使了这一选项，根据这条一致同意的命令，将自己的陈述写入《国会记录》。

两院几乎所有的闭门会议，都在各自的议事厅中举行。然而，参议院曾 2 次在旧议事厅举行密会。之所以选择旧厅，是因为其中缺少现代电子设备，不易受到电子窃听。[2] 其中，一次关门会议于 1988 年 3 月 28 日举行，讨论与苏联之间的《中导条约》（Intermediate-Range Nuclear Force Missiles Treaty）；另一次则是 1992 年 2 月 25 日，参议院举行秘密会议，讨论 1989 年天安门事件后是否延长中国的“最惠国”待遇。

近年来，参议院和众议院之所以较少举行闭门会议，很大程度上可归因于一个事实，即国会绝大多数的日常工作，均已交给这些年建立的各式委员会和小组委员会处理。后来担任总统的伍德罗 · 威尔逊（Woodrow Wilson），在其博士论文《国会式政府》（“Congressional Government”）中写道，国会召开会议时将自己展现于公众面前，但这一机构的实际工作却是在委员会中完成的。“我不知道是否还有更贴切的词来描述我们的政府，”威尔逊写道，“我称它为：国会各常设委员会的主席们治下的政府。”[3] 尽管宪法和联邦法律中对委员会体系均无规定，但自第一届国会以来，各委员会便成为国会处理许多工作的主要工具。委员会除了在法案的起草中发挥作用外，也成为国会监督行政机关和参与制订国家政策的主要工具。随着国会各委员会的作用和重要性不断扩大和增长，保密禁令正是在这些委员会中使用得最为频繁。

众议院目前有 21 个常设委员会，参议院则有 20 个。这些常设委员

---

[1] 145 *Cong. Rec.*, H1386–87 (daily ed. Feb. 9, 1999).

[2] 参议院旧议厅位于国会大厦圆厅北侧二楼。1810 年至 1859 年，此处始终是参议院之所在，1860 年至 1935 年间则变为最高法院所在地。1976 年双百国庆时，旧议厅经过重修，现被作为博物馆加以保存，偶尔也作为参议院的会议场所。

[3] Wilson, Woodrow, *Congressional Government: A Study in American Politics* (Johns Hopkins University, Baltimore, 1885).

会通常都设有若干小组委员会，委员会与小组委员会的会议通常向公众开放，除非依照法规或议院规则，会议主题需在闭门会议中审议。按照具体委员会的规则，向公众开放的会议，也可通过广播和电视播送。有一些委员会——例如农业委员会——极少举行闭门会议。那些有权限主持外国情报、军事拨款、国土安全、反恐及其他涉密事宜的，则更为频繁地开展闭门磋商。行政部门通报这些涉密领域委员会的工作情况时，也常在私下进行。

条约与弹劾的议程

一些常规的立法性和监督性事务，因内容敏感，而由闭门会议处理；除此以外，宪法还规定，国会有 2 项额外的非立法性职责，同样可通过闭门会议履行：第 2 条第 2 款第 2 项中有关条约的规定；第 1 条第 3 款第 6 项关于弹劾联邦官员的规定。宪法未要求两院在以上任一情况下举行闭门会议，但同时也未要求这些会议向公众开放。两院可依据各自的规则自行决定。

历来的设想是，当一项条约呈请参议院“建议和同意”时，参议院将举行闭门会议，除非且“直至参议院通过决议，以解除保密强制令”。参议院活动的初期，即 1795 年 12 月参议院作出开放立法性会议的决定之前，参议院关于条约的一切审议均在闭门的行政性会议中进行。条约是国家外交事务的一部分，在这些事务上向总统提供建议，被认为是参议院最重要的行政性职能之一。尽管条约的条款最终将告知公众，但条约的谈判过程却不对外公开。

1800 年 12 月，在闭门会议中审议条约的做法首次被正式确立；当时，亚当斯总统向参议院转达了他下达给特使的指示，后者被派往法国负责谈判《莫尔特丰坦条约》。[1] 惯常的做法是，当总统向参议院提交条约时，他会将自己与条约谈判者的通信记录一并提交。亚当斯递交了相关通信记录，但他作出一项额外的要求："它们应在严格保密之下审议。"作为对亚当斯所提要求的回应，参议院于 1800 年 12 月 22 日通过一项新的议事规则，规定"对于合众国总统所发出的一切机密通信，议员须保守秘密；对于向参议院呈交的一切条约，也应保守秘密，直至参议院以决议解除保密强制令"。此后的 88 年中，参议院对条约的审议始终通过闭门会议进行，期间数度有人——通常是条约的反对者——试图使参议院公开审议未决的条约，但均遭到拒绝。

参议院的关门政策确实有过一次短暂的解除。当时，民主党总统格罗弗 · 克利夫兰（Grover Cleveland）向参议院提交了与英国商定的《加拿大渔业条约》(Canadian Fisheries Treaty)。这份条约于 1888 年 2 月中旬商定，旨在缓和与大英帝国在北美洲东北海岸的渔业权问题上的紧张关系。提议以开门会议审议这份条约，并非出自原则信念，而是条约的反对方意欲占据政治先机之举。与英国的新条约在爱尔兰裔美国人中激起了强烈的反英情绪，为给这种不满情绪再添一把柴火，共和党控制下的参议院修改规则，允许在公开会场中对条约展开辩论。1888 年 11 月的总统选举已近在眼前，占多数的共和党议员因而策划出这场变革，使共和党更有机会夺取纽约州至关重要的 36 张选票——进而夺取总统宝座。参议院围绕条约辩论了一整个夏天，但正如共和党人谋划的那样，参议院于 8 月 21 日否决条约。投票结果以党派界限分布。大选前两周的时候，共和党人还泄露出一封来自英国大使的秘密信件，揭露英国政府暗中支持克利夫兰总统连任。这封信函的公开确保了爱尔兰裔美国人对共和党的支持，对将共和党的提名人——前参议员本杰明 · 哈里森（Benjamin Harrison）——送入白宫发挥了重要作用。大选之后，参议院又恢复到以闭门会议处理条约，这

[1] 《莫尔特丰坦条约》(Treaty of Mortefontaine) 结束了美法短暂冲突（Quasi-War）中的敌对状态；这场短暂冲突主要发生于加勒比地区。

一做法一直延续到 1929 年。而尽管采用了闭门会议，有关参议院行政性会议的消息仍然照常泄露到媒体手中，使报纸得以发布关于会议内情的全部记录。据说曾有媒体人戏谑道，参议院如果想要更完整的报道，应将自己所有的事务都在保密中进行。

参议院规则第 29 条仍然规定："对于一切由总统向参议院传达的机密通信，参议员及参议院的官员均须保守秘密；一切呈送参议院的条约以及与之相关的所有评论、投票和议程亦须保密，直至参议院以决议解除保密强制令。"然而，参议院召开秘密会议的决定并不多见，但凡召开，大多是由于条约中含有机密信息，或是参议院审议条约时会涉及机密信息。外交委员会（Committee on Foreign Relations）——通常负责条约的初步审议——亦受到第 29 条规则的管辖。然而，在绝大多数情况下，参议院全会在将条约转交至该委员会的同时，也会解除保密强制令。[1]

弹劾议程由开门会议和闭门会议混合组成。在制宪会议期间，本杰明·富兰克林曾警告其他代表称，总统们有时也可能"使（自己）声名狼藉"。富兰克林竭力主张，应设立一种制度性程序来罢免官员，而非采用暗杀这种传统做法。"此前，若一个治安官臭名昭著，人们都采取什么办法呢？"富兰克林问道，"为何要暗杀，使他不仅失去性命，而且被剥夺了自证清白的机会？因此，对行政人员的不检点行为，最好的方式就是在宪法中定下相应的常规处罚，并为其受到不当指控后的名誉平反订立规则。"[2] 因此，代表们在宪法第 2 条第 4 款中规定，"合众国总统、副总统及其他所有文官，因叛国、贿赂或其他轻重罪行而被弹劾和定罪者，均应免职"。宪法第 1 条第 2 款第 5 项向众议院授予"独有的弹劾之权"，第 1 条第 3 款第 6 项授予参议院"独有的审讯一切弹劾案的权力"。在宪法授

[1] *See, e.g.*, Removal of Injunction of Secrecy—Treaty Document No. 108-2, Motion of Senator Orin Hatch (Cong. Rec., vol. 149, no. 25, S2227, Feb. 11, 2003).

[2] Madison's Notes, July 20, 1787, The Avalon Project (Lillian Goldman Law Library, Yale Law School, New Haven, 2008); Alex Simpson, ed., "A Treatise on Federal Impeachments" (The Law Association of Philadelphia, 1916), p. 11.

予国会的所有权力中，弹劾权可能是最为强大的一种。包括总统在内的联邦官员，若被定罪，将不得上诉。

国会可向总统、副总统，以及总统所不能或不愿解职的文官（前者如联邦法官，后者如白宫秘书长）启动弹劾议程。[1] 在现代，众议院司法委员会（Judiciary Committee）曾对弹劾案行使裁判权。在对控诉进行调查后，委员会通过投票决定是否对被指控的官员启用弹劾条款。若委员会提出弹劾条款，且弹劾案又经众议院全会（以简单多数票）通过，该案就将被转至参议院进行审讯。因此，众议院的弹劾十分类似于当今刑事体系中的起诉环节。

众议院共 62 次启动过弹劾议程，19 次提出弹劾条款。移交参议院审讯的 19 例弹劾案中，7 例宣告无罪、8 例定罪、3 例解职、1 例辞职。19 例弹劾案中，有 15 例涉及法官，其中包括被宣告无罪的最高法院大法官塞缪尔 · 蔡斯（Samuel Chase）。安德鲁 · 约翰逊（Andrew Johnson）与威廉 · 克林顿是仅有的两位受到弹劾的总统，分别于 1868 年 2 月 24 日和 1998 年 12 月 19 日被众议院采取弹劾议程，但均被参议院宣布无罪——但在参议院投票中，约翰逊仅以一票优势免遭弹劾。理查德 · 尼克松（Richard Nixon）总统在众议院对其弹劾案作出定论前，于 1974 年 8 月 9 日辞去总统之职。

参议院的弹劾议程中兼有开门会议与闭门会议。参议院规则约定，“每当参议院审理弹劾案时，参议院的大门均须保持敞开”。参议员秘书采用“与参议院立法性会议相同的方式”，对弹劾案的审理阶段进行记录和报告。审理阶段一旦结束，参议院便可以投票或无异议动议的方式，“要求在商议判决期间关闭大门”。几乎所有的案例中，参议院在商议期间均关闭大门。在决定是否开除政府官员时，最终投票将通过公开会议举行。本质上，参议院的规则与当今民事和刑事审判中的做法类似：审理本身通常在公开的法庭中进行，而法官们的决定则在他们私密的内庭审议中

---

[1] *See* U.S. Const. Art. II, Sec. 4.

作出。

尽管参议院举行密会的决定大体上未受争议，但克林顿总统案的审讯却是一次例外。在参议院决定进行秘密审议后，美国有线电视新闻网（Cable News Network，简称 CNN）向参议院提交了一份正式申请，请求“允许其参与并旁观辩论、审议和会议经过”[1]。在附带的一份公开声明中，CNN 辩称：“除宣战以外，参议院任何议程的历史重要性，都比不上解职一位美国总统。”这些讨论若闭门进行，全世界人民将无法判断会议过程是否公正，数百万美国选民——他们与这场审讯的结果利害攸关——则失去了获得第一手信息的可能性。[2]CNN 的申请最终未能争取到三分之二的投票，不足以暂停参议院的规则，使其向公众开放会议过程。

---

[1] United States Senate, “Application Of Cable News Network For A Determination That The Closure Of The Proceedings Violates The First Amendment To The United States Constitution” (January 29, 1999).

[2] CNN.com (January 29, 1999).

第 6 章

保密与公共记录

在我们这样的政府中，议员如此远离选民的视线，因此对公开议程进行及时便捷的传播尤为必要。

——詹姆斯 · 麦迪逊，1792 年 12 月 6 日

约翰 · 亚当斯在《论教会法与封建法》（*Dissertation on the Canon and Feudal Law*）中写道 ：“于公而言，保护下层民众获取知识，远比这个国家中一切富人的全部财产来得重要……没有什么信息传播的手段，比媒体更为神圣，或比它更多地受到美利坚定居者们温柔和细心的呵护。”[1]1787 年，托马斯 · 杰斐逊表达了同样的观点 ：“民意既是我政府的基础，维护它便是第一要务。如果由我决定我们是要有政府而无报纸，还是有报纸而无政府，我将毫不犹豫地选择后者。”[2]

1853 年，弗朗西斯 · 利伯（Francis Lieber）将美国最初半个世纪的发展集入一部编年史。他特别指出，在进一步撤除美国国会与人民间秘密帷

[1] George A. Peeks, Jr., ed., *The Political Writings of John Adams* (reprinted by Hackett Publishing Company, Indianapolis, IN, 2003), p. 13.

[2] Thomas Jefferson to Edward Carrington, January 16, 1787, “The Founders Constitution,” vol. 5, Amendment 1, University of Chicago, www.press-pubs.uchicago.edu/founders (1987).

幕的过程中，报纸发挥了举足轻重的作用。“一个现代自由城邦可以没有公共报业，”利伯写道，“一个现代自由国家则不行。”向公众开启国会大门固然重要，但“如果记者无法报道公共机构的活动，那么单单允许公众进入会场几乎算不上任何程度的公开”。[1] 有公开而无报道，从许多方面看，与秘密行事效果上并无区别。尽管宪法保障出版自由，但并非所有美国政治领袖都相信，让媒体报道国会辩论是明智之举。许多人的态度与英国下院中盛行的观点相同，认为新闻记者不过是“害人的擅闯者和窃听者”[2]。在众议院决定允许记者进入会场的两年后，约翰·亚当斯在写给妻子的信中流露出自己的忧虑，认为该决定的正确性并非清楚明了：“公开辩论的这一举措，要么将建立起国家政府，要么将摧毁整个联邦。除这两个极端以外，我无法想象还有什么折中的结果。”[3]

新闻记者进入众议院，以及众议院向公众开放大门这两件事，大体上是同一时间发生的。而当参议院于 1795 年建起旁听席时，记者终于得以观摩会议；但直到 1802 年 1 月 6 日，参议院才最终投票允许速记员和其他记录人员进入参议院会场，并指定其就座于“（参）议长所分配的位置”[4]。

最早的一批记者本质上做着速记员的工作。最初，他们被允许在众议院会场中就座，但很快有人提出一个问题：是继续允许记者在会场就座，

[1] Francis Lieber, Theodore Woolsey, ed., “On Civil Liberty and Self-Government” (J.B. Lippincott Company, London, 1888) p. 128.

[2] Michael MacDonagh, *The Book of Parliament* (Isbister and Co., London, 1897), p. 313. 出版商要为自己的记者在“陌生人”旁观区中谋得一席，只能靠贿赂门房。即便如此，记者也必须悄悄记录。记录行为若在会场上被发现，记者便可能遭到驱逐，或被武装军警押至堂前，被指控为违反众议院禁止公开会议内容之规则。直到 1834 年，才专门为记者辟出一块旁听区。

[3] John Adams to Abigail Adams, April 19, 1789, “Adams Family Papers: An Electronic Archive,” Massachusetts Historical Society.

[4] Elizabeth G. McPherson, “Reporting the Debates of Congress,” *Quarterly Journal of Speech*, vol. 28, Issue 2 (1942), pp.141–142 [Taylor & Francis Online, 2009].

还是要求他们坐到旁听席中作记录？支持为记者保留会场就座特权的众议员们声称，若迫使记者坐到有一定距离的旁听区中作笔记，那就不可避免地会导致报道上的偏差。据说曾有一位记者——显然是在旁听席中无法听清会场上的发言——将一则有关“港口”（harbor）的规定，误记为对“理发师”（barber）的规定。

虽然多数众议员“急于使速记员们回到众议院的座位上”，但他们并未举行正式投票，原因是担心这会向记者及其发表内容授予“某种程度的立法性许可”。许多议员认为，记者报道中的错漏应归咎于他们自己。再者，如果众议院不向任何人授予正式的发布许可，议员们日后更容易宣称自己的发言受到了他人不确切的引用。最终，议长被授予裁量权，“允许他认为合适的人员进入”，此事得以解决。记者重新获得会场中的座席，但并未获得众议院作为整体的正式首肯。

即便众议院的会场辩论得到准确记录，报纸上出现的新闻报道仍常有党派倾向。它们对某些观点大书特书，对另一些观点就算不是故意省略，也是轻描淡写。当时，人们对媒体派性的看法与今日殊异。当约翰 · 亚当斯和其他人谈及媒体的重要性时，他们口中的媒体并不是 21 世纪的概念。亚当斯并未仅仅将媒体看作时事的记录员，而是将其视为人民与政府暴政不断斗争时的一件称手工具。在亚当斯看来，媒体不只是一位不偏不倚的新闻报道员，还要在联邦党人和反联邦主义者的论辩中充当两派的代理人：在各州制宪会议就新宪法辩论时，媒体就是如此，后来则成为贯穿于政党发展过程的一个部分。

《合众国公报》（*Gazette of the United States*）成立于 1789 年 4 月中旬，对于乔治 · 华盛顿政府以及支持新兴联邦党运动的政客，该报最为拥护。在政治光谱另一端，是与《合众国公报》唱对台戏的《国民公报》，由反联邦主义的托马斯 · 杰斐逊和詹姆斯 · 麦迪逊鼓动创立；他们二人欲使《国民公报》成为传播反联邦主义政治观点的工具。《国民公报》在报道时确实派性突出，连杰斐逊也常在报上发表抨击华盛顿政府的文章，尽管他本人——作为国务卿——亦是其中核心成员。费城的《曙光女神报》（*Aurora*）是另一家激进的报纸，该报一贯谴责联邦党人，以尤为尖刻的言辞攻击华盛顿和亚当斯政府。

然而，并非所有报纸在新闻报道中都存在党派色彩。《纽约每日公报》（*New York Daily Gazette*）、《费城公报》和《国民通讯员报》（*National Intelligencer*）等报纸，试图以更直接的方式报道国会的议程——至少是报道它们认为有报道价值的会议内容。[1] 报纸编辑们特意强调，对那些在他们看来“不断重复的”或使读者提不起兴趣的材料，他们有省略不报的权利。栏目的可用篇幅和当时的速记技术均有局限性，这也使公众实际接收到的可靠信息在数量上受到限制。由于无法报道参议院的行政性会议，媒体对国会议程的报道又进一步受到阻碍；此类会议中，商议内容仍属秘密。

迈向更高公开度的最初几步

众议院向公众开启大门的决定无疑具有历史性意义。但即便如此，这一新政的实际受益者，也主要集中于居住在费城及周边地区的 4 万余人；而即便对他们，也仅有那些足够幸运、有相当政治关系的人，才能确保拥有一张进入旁听区的访客通行证。对其他的 400 万美国人而言——除去那些可能偶尔因公或其他事务到访费城的人士——从众议员处流向选民的信息至多也只是零星有之。为改善这种信息流动，第二届国会初期采取了两项措施：第一项涉及国会的免费邮递特权（franking privilege）；第二项是以国家邮政系统资助报纸的流通。这两项措施皆包含于 1792 年的《邮政法案》（Post Office Act）中，其依据均为宪法授予国会“建立邮局和邮

[1] 《宾夕法尼亚公报》是当时的美国报业龙头，常被称为 18 世纪的《纽约时报》。在 1730 年至 1748 年间，该报由本杰明·富兰克林部分持有并出版。

路”的权力。虽然这两项举措在当时并未引起轰动，但都使中央政府的运作愈发走向公开化。

免费邮递特权

免费邮递特权允许国会议员在收发带有其签名的邮件时免纳邮费。免费邮递特权（来自法语的“免于支付”）源于 17 世纪的英国：1660 年，英国下院赋予其议员免邮的特权。在美国，这一特权最初是由第一次大陆会议于 1775 年颁授的，之后又由邦联议会于 1782 年再次授予。1782 年的立法规定，“实际出席国会时，议员在收发信件、包裹和急件时，应免付费用”[1]。由于免费邮递特权，国会议员得以向选民传递政府工作的信息和国会中议而未决的政策事宜，因此，它的支持者们认为，在进一步揭开实质上仍围绕国会部分工作的秘密帷幕方面，这一特权发挥了至关重要的作用。对参议院而言，免费邮递特权的重要性却低得多。由于参议员由各州立法机关——而非人民——选出，他们与家乡人民保持通信的兴致往往并不高。确实，由于这项特权同样适用于寄送给议员的信件，许多参议员甚至将其视为一桩麻烦。因此，免费邮递存废问题的辩论主要在众议院展开。

如今，在国会工作的发布中，免费邮递的信件只扮演着不起眼的角色，大多数美国人极少收到国会代表的来信，即便收到，通常也是置之不理。然而在合众国早期，免费邮递信件却是有关国会及其工作信息的主要来源。后来在众议院会场上，密西西比州代表詹姆斯·奥尔康（James Alcorn）就提到免费邮递特权的历史意义，他宣称：“通过（免费邮递）这个途径，信息被传播到全国各地的人民中间。人民的智慧因免费邮递特

[1] Journals of the Continental Congress, vol. 23, at 678 (October 18, 1782).

权而受到启迪与促进。通过这一特权，知识的散播得以触及这片土地最远端。”[1] 早前，詹姆斯·麦迪逊在 1782 年的辩论中强调，免费邮递特权是公民确保自己获得关于公共事务“基本知识”的“主要渠道”。[2]

并非所有人都赞成免费邮递特权。以弗吉尼亚的威廉 · 布兰奇 · 贾尔斯（William Branch Giles）为首的数名众议员反对延续这一特权。贾尔斯认为，免费邮递特权不仅耗资不菲、带有歧视性（他称其为“偏私的福利”），而且对那些“公共报业已经建立、自由辩论不受限制、辩论内容见诸报端的地方”，完全“没有必要”。他主张说 ：“如果每个人都有在报纸上表达意见的自由，如果公众能自由地阅读报纸，那已经绰绰有余了。”[3]

赞成这一特权的众议员对贾尔斯的主张回应道，免费邮递特权并非一种授予议员个人的福利，“而是给选民的福利，通过它，选民便能从最有资格传达（政府）资讯的人那里获取信息”。支持者们还强调说，不仅如此，“议员也能从这一渠道获取有用的信息”。免费邮递特权最终得以保留，但被明确限定只得用于公务通信。

也许并不出乎意料，免费邮递特权时常成为被滥用的权力。一位众议员吹嘘道，假如信封排列得当，他能在 1 小时内签署 300 封信。有些议员甚至雇来捉刀者为其代签。常有流言称，某些议员惯于利用免费邮递特权向家中寄送换洗衣物，或向家人朋友派送自己的签名供其私人使用。有一则传言甚至说，曾有一位 19 世纪早期的参议员把免费邮递信挂到马缰上，将自己的马驹送回匹兹堡的家中。不论这些传言是真是假，国会议员们确实惯于在邮件中装填各种政府文件、演说词，以及一袋袋的种子。一些邮件确实有用 ；但其他许多邮件都被用于增加议员自己再次当选的机会。

鉴于这些滥用情形，1873 年 1 月 31 日，参议院投票决定彻底废除国

[1] Cong. Rec. vol. II, 4676 (June 8, 1874) (statement of James L. Alcorn).

[2] Richard R. John, *Spreading the News: The American Postal System from Franklin to Morse* (Harvard University Press, Cambridge, 1995), p. 32.

[3] *Annals of Congress*, December 28, 1791 (Gales and Seaton, Washington, D.C., 1849), p. 290.

会的免费邮递特权，并拒绝了一项众议院已通过的为参众两院印刷件提供特殊免费邮票的法案。然而未满两年后，国会便对禁令增设例外，允许免费邮寄《国会记录》、种子和农业报告。最终，由于发现所有政府公职人员中，仅有自己的议员需要支付邮资，国会于 1891 年全面恢复了免费邮递特权。如今国会议员依旧使用这一特权，只是随着愈发多样的现代出版物和电子通信媒体的出现，免费邮递特权作为一种交流工具的价值已大幅缩水。

扶持报业的发展

国会人士普遍认为，政府活动信息的广泛流传对于维护国家统一至关重要。他们认为，报纸有助于将美国广布四境的人口聚集为一个单一国家。《独立宣言》签署者之一的本杰明 · 拉什（Benjamin Rush）博士曾向威尔士裔的道德哲学家、牧师理查德 · 普赖斯（Richard Price）致信，谈论报纸的缺失可能对政府治理造成何种掣肘："除非与人民同行，否则我们的公共机构将一事无成；而在我国，信息和知识的传播手段还十分匮乏，因而公共机构的一切行动都显得拖沓。"[1]

人们还相信，民主政府若要成功，就必须有充分了解情况的选民，而要有这样的选民，又要依赖新闻、理念和意见的持续交换。因此，美国式政府的一项关键沟通功能就是，在人们参与政府的创建与维系过程中，向他们提供所需的信息。詹姆斯 · 麦迪逊在《联邦党人文集》中写道，人民是控制政府最有力的工具，而要行使这一权利，人民必须知情。"如果人是天使，"麦迪逊写道，"政府便无存在的必要。如果由天使统治人，对政府施加的内外控制都将成为多余。而当政府的框架是以人治人时，政府对

[1] Dr. Benjamin Rush to Dr. Richard Price, April 22, 1786, "Proceedings of the Massachusetts Historical Society," vol. xvii (1903), p. 341.

人民的依赖无疑是控制政府的首要方法。”[1] 在让选民知情的过程中，尤其是在城市人口中心以外的地区，报纸被认为扮演着极重要的——若非不可或缺的——角色。在本杰明 · 拉什看来，由政府“在美国的各个角落”传播“各类知识”，是“绝对必要的”。[2]1787 年初，新罕布什尔州的一份报纸写道 ：“这片穷乡僻壤中产生不满的重要原因，便是他们没有定期得到信息。这向密谋狡诈之人提供了制造弥天大谎的机会，因为没有公共报纸紧盯着他们，驳斥他们的主张。”[3] 许多人因而将报纸视为反制保密制度的重要力量。随着调查性新闻的发展，这种势头也将愈发增长。

亚历西斯 · 德 · 托克维尔（Alexis de Tocqueville）在其名著《论美国的民主》（*Democracy in America*）中写道，在民主制中，一个人要想形成一项公共政策，必须“说服每一个能够提供他所需要帮助的人，告诉他们若想实现个人利益，必须自愿地联合”怀有相同想法的其他人。托克维尔评论道，唯有报纸所处的位置使其能够“习惯性并便捷地”做到这一点，“(因为）唯有报纸能将同样的思想在同一时间带入 1000 个人的脑袋”。报纸使“政治生活在这片广袤领土的各个角落四下传播，嗅探政治设计的秘密萌芽”，并且“将各党派领袖召至舆论制裁之下”。[4]

在 18 世纪晚期，尽管报纸的需求并不少，但其刊印和派发却是一种费钱费力的营生。报纸的流通量很小，很少有哪份报纸拥有超过 1000 名订阅者。为促进美国报业的成长及其版图扩张，国会于 1792 年《邮政法案》中规定，为报纸设定一项更低的特惠邮政费率 ；法案中还授权，每家报社可免邮费向国内其他报社每期寄送一份报纸。其他出版商便可从中摘

[1] “The Federalist Papers”, The Federalist No. 51, February. 6, 1788 (Lillian Goldman Law Library, Yale Law School, New Haven, 2008).

[2] Benjamin Rush, “Address to the People of the United States,” *American Museum*, vol. I (January, 1787), pp. 9–10.

[3] *New Hampshire Spy*, February 16, 1787.

[4] Alexis De Toqueville, *Democracy in America*, “Liberty of the Press in the United States,” ch. XI (Saunders and Otley, London, 1935).

选出读者感兴趣的文章，在自己的报纸上转载。

在为邮政补助辩护时，马萨诸塞代表埃尔布里奇·格里——报纸统一低邮费政策的主要支持者——宣称“凡信息自由流通之时，奴役便不可能存在”。他继续说道：“在任何国家，无论自由树立得多么牢固，一旦信息的渠道被阻断，它便不可能长存。”[1] 报纸低邮费政策的另一位支持者詹姆斯·麦迪逊（认为邮费构成一种不当税收）后来写道：“在我们这样的政府中，议员如此远离选民的视线，因此对公开的议程进行及时便捷的传播尤为必要。”[2]

1792年的《邮政法案》既包含免费邮递特权，也有授权报纸享受低邮费的规定。该法案于1791年12月28日在国会通过，1792年2月20日经华盛顿总统签署而成为法律。尽管华盛顿下笔签署这一法案，且法案中对报纸征收的邮费已如此节制，但一年后，他又敦促国会撤销法案中关于继续征收邮费的条款——他将邮费称作“对公共印刷品征取的运输税”[3]。实质上，华盛顿主张由政府负责对报纸进行免费邮政流通。

1801年托马斯·杰斐逊宣誓就任总统时，全美大约有200份报纸；而到1860年亚伯拉罕·林肯（Abraham Lincoln）当选总统时，这一数字接近3000。报业这种惊人的扩张程度可归结为多方面原因，其中包括人口的增长、劳工阶级政治参与度的增加、识字率的提高，以及印刷技术的进步——这使报纸得以更加迅速高效印成。然而，在报业成长和阅读人数增加的过程中——特别是在19世纪的上半叶——1792年国会颁布生效的邮费补贴扮演了重要角色。

---

[1] *Annals of Congress*, December 28, 1791 (Gales and Seaton, Washington, D.C., 1849), p. 289.

[2] James Madison to Edmund Pendleton, December 6, 1792, National Archives, Founders Online at www.founders.archives.gov/documents/Madison Original source: Robert A. Rutland, ed., *The Papers of James Madison*, vol. 14 (University of Virginia Press, Charlottesville, 1983), pp. 420–421.

[3] George Washington: “Fifth Annual Message,” December 3, 1793. Online by Gerhard Peters and John T. Woolley, *The American Presidency Project*. http://www.presidency.ucsb.edu.

国会议程的永久记录

19 世纪上半叶，报纸的角色与今天大致相同，主要是报道当日新闻。许多年来，全国性会议议程的永久记录仅存在于参众两院的日志中。对那些想要了解国会过往活动的人而言，日志是他们仅有的现成资源，除此以外便再无公众可以轻易查阅的记录。然而在 1834 年，约瑟夫 · 盖尔斯（Joseph Gales）与其妹夫威廉 · 西顿（William Seaton）——共同拥有《国家讯报》（*National Intelligence*）的两位出版商人——开始收集并选择性地刊发关于国会以往辩论和立法活动的尚存记录。当时，盖尔斯和西顿所能获得的最优质记录，便是各类报纸，也包括他们自己的报纸。事实上，盖尔斯和西顿于 1810 年向《国家讯报》创办人塞缪尔 · 哈里森购得此报后不久，便开始在报上刊登国会的辩论记录。

盖尔斯和西顿所做的汇总被收入《国会纪事》（*Annals of Congress*）。[1] 两位出版商对其汇总的准确性深感自豪。例如，他们有一次宣称 :“这里所呈现的（关于 1796 年《杰伊条约》的）辩论，有着当日报纸也不曾有过的真实性和准确度，因为它经过演讲者本人的修订。”[2] 盖尔斯和西顿在其报纸出版的那段时期受到国会优遇，最大的原因可能是他们允许议员在其讲话刊登前进行修改。二人享有的特殊地位使盖尔斯得以紧挨参议长而坐，西顿则坐在众议长那边对会议作报道。

《国会纪事》按照国会的各次会议被整理为 42 卷，涵盖从 1789 年到 1824 年的最初 18 届国会。然而所有的《国会纪事》并未同时发布，而是在 1834 年到 1856 年的 22 年间不断汇编出版。尽管会场记录以摘要形式——而非逐字记录的方式——呈现，但《国会纪事》中关于会场辩论的

---

[1] 这些记录最早被称为《美国国会的辩论和程序》（*The Debates and Proceedings in the Congress of the United States*）。

[2] *Annals of Congress*, March 7, 1796 (Gales and Seaton, Washington, D.C., 1855), p. 426.

记录确实比参众两院的日志都更为完整。因此，《国会纪事》被认定为关于那段时期国会活动的最权威来源。1849 年，国会拨款资助《国会纪事》的出版。

1824 年，即盖尔斯和西顿开始编写《国会纪事》的 10 多年后，二人又创办了第二份出版物——《国会辩论册记》（*Register of Debates in Congress*）。《国会辩论册记》“旨在以便携耐久的形式呈现美利坚合众国政府的立法史……以补充我们所编写的政治纪事的不足”。《国会辩论册记》涵盖 1824 年至 1837 年这段时期，于每年国会会议闭幕时出版。这标志着有人首次尝试以大体上同步发表出版物的方式，精确记录国会的“主要辩论与事件”。然而在所有的记录中，会场辩论均未得到逐字报道，许多叙述以第三人称写成。当时参众两院已开始允许经过筛选的记者进入会场，但由于速记法仍处于早期发展阶段，辩论通常都以普通记录法书写。此外，那些被认为无法引发大众兴趣的演讲，通常根本不会被报道。与《国家讯报》的办法相同，《国会辩论册记》也允许国会议员在记录发表前修改自己的言论。然而，尽管存在着不足，盖尔斯和西顿仍然信心满满地向《国会辩论册记》的读者保证：“其中内容的精确性是完全可以信赖的。”[1]

这一系列重要历史档案中的第三部，便是报纸型出版物《国会全视角》（*Congressional Globe*）。它报道了 1833 年至 1873 年间（第 23 届至 42 届）国会的每日议程。每次国会闭幕时，《国会全视角》被结集成册出版。《国会全视角》的出版者是一家新的印刷合作商，由弗朗西斯 · 布莱尔（Francis Blair）与约翰 · 库克 · 里夫斯（John Cook Rives）在华盛顿特区创办。与《国会辩论册记》类似，《国会全视角》最初向读者提供的也并非国会议程的逐字记录，而是“辩论和议程的梗概”。

尽管《国会全视角》和《国会辩论册记》各有各的拥趸，但总体上

[1] *Register of Debates in Congress*, Preface, vol.1 *Preface* (Gales and Seaton, Washington, D.C., 1825).

人们认为《国会全视角》比《国会辩论册记》党派倾向更浓，许多议员时常声称自己受到前者的不当引用和歪曲描写——或是根本没有得到报道。《国会全视角》得到安德鲁·杰克逊（Andrew Jackson）总统的大力支持。杰克逊认为《国会全视角》对其政府怀有更多同情。杰克逊的许多政敌并不相信《国会全视角》版的两院记录，他们将布莱尔和里夫斯斥为“虚假辩论的习惯性炮制者”。这两位合伙人招致的怨恨颇深，以至于据说二人均随身携带隐蔽武器，以防被愤怒的议员加害。[1] 然而到 19 世纪中叶时，速记法得到发展，加之国会愿意支付记者的工资和刊印报道的费用，《国会全视角》于是得以提供更为准确的国会辩论记录。随着准确度的提升，人们对《国会全视角》及其出版商的抱怨逐渐平息下去。

1846 年，参议院授权议员可自行选择并订阅政治报刊。由于《国会全视角》的广泛流行及其在美国政治中所占的地位，该报成为参议院的半官方出版物。两年后参议院与该报签约，委托其报道参议院会议；1850 年众议院也与《国会全视角》达成相同协议。由于预料到《国会全视角》将以非党派出版物的面貌示人，该报开始启用受过最新速记法训练的记者，从而使《国会全视角》得以以第一人称进行叙述，而非第三人称总结的方式刊印辩论记录。每次国会结束时，《国会全视角》均集结成卷出版。随着伊萨克·皮特曼（Isaac Pitman）语音速写技术的引入，自 1851 年第 32 届国会开始，《国会全视角》开始以近乎逐字记录的方式报道国会辩论。

尽管《国会全视角》较为成功，但内战时期铺天盖地的会场辩论，使国会开始考虑采用一种更加高效经济的会议记录系统。因此，当《国会全视角》的合同于 1873 年 3 月 3 日到期时，第 43 届国会选择不再续约，而是创立一份新的出版物——《国会记录》（*Congressional Record*）。该出版

[1] United States Senate, Senate Historical Office, *Reporters of Debate and the Congressional Record*, www.Senate.gov/artandhistory.

物由政府印刷办公室（Government Printing Office）出版，由负责报道辩论的官方记者担任职员。尽管自1855年起记者的薪水便由政府以公款支付，但直到《国会记录》创立时，国会才开始直接雇用自己的记者。

如今人们普遍承认，在国会活动信息的记录和传播方面，《国会记录》最为准确有效。虽然早期的报纸记者坚称，他们有权删去在其看来不“值得特别留心”的材料，但《国会记录》却走向他们愿望的反面——彻底的包罗万象。《国会记录》对两院的会议辩论几乎完全逐字逐句记录。正如时任参议院多数党领袖的林登·约翰逊（Lyndon Johnson）于1956年所言，“它的纸张间封存的是各种辩论、决议、法案、备忘录、请愿书和立法活动——这些是参议院（和众议院）之所以存在的理由”。从此，国会及其委员会在公开会议中所做的工作，便能得到所有人的充分检视。[1]

在实践中，尽管国会产生的多数文件均可公开获取，但国会及其委员会仍可将某些文件、报告和抄本指定为机密或秘密文件。在高兰诉中央情报局案中（Goland v. Central Intelligence Agency, 607 F. 2d 339, 346 [华盛顿特区，约1978年]），原告要求获取“就中央情报局的授权、组织和管理等方面，参众两院可能举行过的一切听证会的报告”。法庭回绝了这一请求，主张“国会有对其记录保密的权力，这一无可置疑的权力来源于宪法、长期的实践和现行的国会规则”。不存在获取这些文件阅读权限的既定程序，这些文件的解密和公开完全取决于国会的自由裁量。

广播与电视走入国会

在过去的200年中，公众对国会内部运作进行监督的能力不断发展：

[1] 每日版的《国会记录》通常可于会议日的次日获取。《国会记录》向立法部门、政府机构和托管图书馆中的4000多名订阅者发布。亦可于网上查阅。

从参众两院日志中内容受限、记录时常受到大幅修订，到由诸如《国会纪事》及后续其他私人出版物重新整理国会辩论节选，再到《国会记录》中近乎逐字录入辩论记录，最后到当今在广播和电视上对两院会议进行无剪辑的直播，使几乎所有美国人都能收听观看。美国有史以来，从未有如今这样大比例的公众，拥有观看国会第一手工作情况的机会。除去参众两院的闭门会议，一度围绕于国会四周的秘密帷幕现已完全揭开。然而，正如国会作出开门决定以及参众两院允许报纸记者进入会场的过程一样，先后批准以广播和电视对国会会议进行现场直播的决定，并未旋即而至，也并非毫无争议。

初次尝试用电子手段将美国人民与国会连接在一起的，是在 1922 年 2 月 22 日：密歇根代表文森特 · M. 布伦南（Vincent M. Brennan）提出一项法案，授权电台直播众议院会议。布伦南法案的目的相当直接：“使国会议员及全国大众得以‘聆听’众议院会场上的情况。”[1] 这一法案支持者寥寥。然而，虽然众议院不愿将自己以直播方式示人，它却愿意偶尔为广播或其他重大事件开放议事厅的使用。1922 年 12 月 19 日，沃伦 · G. 哈定（Warren G. Harding）总统对两院联席会议的年度讲话，便是从众议院会场上直播的；次年卡尔文 · 柯立芝（Calvin Coolidge）总统的年度讲话也照此办理。1925 年 3 月 4 日，柯立芝总统于国会山东门宣誓连任。这是第一次电台直播总统就职典礼，超过 2200 万户家庭在收音机中收听了直播。

尽管直播吸引了大量的听众，但国会仍不愿通过电台直播其会议。哥伦比亚广播公司（CBS）数名电台记者曾申请进入旁听区，但 1933 年 11 月 7 日，国会对此作出拒绝。反对这一申请的声音中，有一大部分来源于国会以外的势力。全国各地的报纸记者向参议院规则委员会（Rules Committee）拍去数百封电报，表示反对与电台记者共用旁听席。许多报

[1] History, Art & Archives, U.S. House of Representatives, “Radio and Congress: Connecting the House to the Home.”

纸宣称，人们不能指望电台记者准确公平地报道新闻。一位出版商强调，广播电台“需有联邦执照方可运营，其言论可被人直接控制”，而“报纸不受控制，故不会成为政府的维稳工具”。他总结说：“一个旁听席中，容不下两种媒体。”另一位出版商写道，若允许电台记者进入媒体旁听区，那就表示“官方认可广播作为一种新闻传播媒介的地位”，而由于电台执照由联邦通信委员会（Federal Communications Commission）颁发，这便等同于政府“官方批准对新闻进行审查”。[1] 另一些报业记者则以更实际的理由反对批准广播公司的申请：旁听席过于拥挤，已无法容纳更多媒体同行。哥伦比亚广播公司记者的申请遭到否决。电台记者被打发到他们所能找到的一切公共场所去为广播撰写文稿，据说其中甚至包括国会大厦的清扫工具间。

1937 年，记者小富尔顿 · 刘易斯（Fulton Lewis, Jr.）从威廉 · 兰道夫 · 赫斯特（William Randolph Hearst）的《华盛顿先驱报》（*Washington Herald*）辞职，开始为华盛顿的 WOL 广播电台报道政治新闻。刘易斯是一位张扬不羁的评论员，人称“咆哮之声”，他很快便从 WOL 跳槽到相互广播公司（Mutual Radio）去报道新闻。相互广播公司的持股和经营采取合作模式，公司自行负担节目的原创、播送和推广成本，同时拥有广告收入。刘易斯对自己的报道事业颇感自豪；而当他不为报纸供稿后，非正式管理媒体旁听区的报纸记者们便撤销了他的通行证。这些记者不无私心地主张道，哪一家广播站若想找人报道华盛顿的新闻，应雇用一位像他们这样的记者朋友——“在职的报人”——来不时地通过广播发布新闻。刘易斯对这一决定气愤不已，便开始游说他在国会中的朋友为电台记者建立一块单独的旁听区。报纸记者将刘易斯的游说视为一种宣传噱头，并没有在意，但他们未料到有许多国会议员相当渴盼电台报道会议内容。于是，国会于 1939 年 7 月 4 日调转政策，开始允许电台记者

[1] Gweneth L. Jackaway, *Media at War: Radio Challenges to the Newspapers, 1929–1939* (Praeger Publishers, Westport, CN, 1995), pp. 129–130.

入座新落成的电台旁听席；这一新旁听席自成一区，与报纸和其他纸媒的互不相连。

6 年后的 1945 年 9 月 15 日，华盛顿州代表约翰·科菲（John Coffee）提出一条法案，提议授权电台直播众议院所有会议。科菲法案提出前不久，佛罗里达州的克劳斯·佩珀（Clause Pepper）也向参议院提出一条类似的法案。二位主张说，鉴于“全国不断高涨的兴趣”，国会允许电台直播会议过程的时刻终于到来了。然而其他议员却担心，允许会议直播将会毒害国会的文化。科菲对这种主张反驳道：“人民有权了解国会中发生的情况，不需要出自广播或其他评论员之手的剪辑和修改。为何不让人民自己来判断呢？”尽管国会组织架构联合委员会（Joint Committee on the Organization of Congress）对科菲－佩珀提案开展了大量听证，但在任何一院，两份提案都未能赢得足够票数，因而双双落败。然而第二年，一个名为《今日国会》的广播节目开始每日放送。它以 15 分钟的新闻报道，聚焦当日的“国会所为以及目前法案的前因后果”[1]。但是，国会会议的电台定期直播仍要到许多年后才会出现；国会的电视报道同样将姗姗来迟。

1928 年，联邦通信委员会向位于华盛顿特区的 W3XK 电视台颁发了美国第一张电视执照。1939 年 4 月 30 日，在美国无线电公司（RCA）总裁戴维·萨尔诺夫（David Sarnoff）的安排下，富兰克林·罗斯福总统从位于纽约市的美国无线电公司，向世界博览会（World's Fair）发表了开幕演说。该公司旗下的广播子公司——全国广播公司（NBC）——所有并负责运作的 W2XBS 电视台，则播出了这段演说。由于当时使用中的电视机数量极少——或许不超过 100 台——全国广播公司在市内额外架设了数十台电视机。

1947 年 1 月 3 日，即联邦通信委员会向 W3XK 颁发首张电视执照的近 20 年后，电视摄像机被允许进入众议院会场；但同先前的电台一样，

[1] “The Billboard,” March 30, 1946, p. 7.

这项许可仅针对特定场合。第 80 届国会时，电视播报迎来处女秀。1947 年，哈里 · S. 杜鲁门（Harry S. Truman）总统的国情咨文演说（State of the Union Address），成为首场登上荧屏的年度演讲。然而，要再过 30 年，美国的电视观众才能再一次通过电视收看国会的工作。

由于国会有许多工作在委员会中完成，一些特别具有全国性意义的委员会听证会，有时也在电视上播出，其中 3 场曾引来全国大量观众观看：参议员埃斯蒂斯 · 基福弗（Estes Kefauver）对有组织犯罪的调查，参议员约瑟夫 · 麦卡锡（Joseph McCarthy）对军队安全的调查，以及欧文 – 贝克委员会（Ervin-Baker committee）对水门大厦入侵事件及后续掩盖行为的调查。这 3 场播报吊起了公众观看更多国会现场报道的胃口。

基福弗委员会尽管并非首个将会议搬上荧屏的国会委员会，但却得到了迄今为止最高的关注。据估计，1951 年 3 月间，有 3000 万美国人通过电视收看了会议直播。“整个国家的注意力从未如此关注在一件事上，”《生活》杂志（*Life* magazine）评价道，“参议院对跨州犯罪的调查几乎成了全国谈论的唯一话题。”[1]“比起报纸，电视和广播让这些事件在民众面前变得更加生动鲜活，”纽约的一位观众解释说，“在我看来，你们谁也不曾想到电视播出这些听证的好处有多大。它让数百万像我们这样的观众了解到从报纸上不可能完全读到的情况。”[2]

3 年之后，1954 年 4 月到 6 月间，一系列麦卡锡听证会占据着全国的电视荧屏。参议员约瑟夫 · 麦卡锡先前因粗暴提审“共产党嫌疑分子”，弄得自己声名狼藉；于是又将其委员会的矛头转向美国军队，声称共产党已渗透其中。军队则反击麦卡锡，指控他利用非正当的影响力，为应征入伍的前幕僚戴维 · 沙因（David Schine）谋求特殊待遇。麦卡锡听证会在美国

[1] United States Senate Historical Office, Notable Senate Investigations, “Special Committee on Organized Crime in Interstate Commerce” (Washington, D.C.).

[2] United States Senate Historical Office, Notable Senate Investigations, “Special Committee on Organized Crime in Interstate Commerce” (Washington, D.C.).

广播公司（ABC）和杜蒙电视网（DuMont network）播出，全国广播公司播送了其中的一部分。听证会长达36天，有大约8000万人至少观看了听证会的某一片段。在听证室的摄像机下，麦卡锡粗暴的手段和态度暴露无遗，这严重打击了他的公众支持率，使其最终于1954年12月2日受到参议院的谴责。

20年后的1973年，参议院总统竞选活动特别调查委员会（Select Committee on Presidential Campaign Activities），举行了后来所谓的水门听证会。该委员会由北卡罗来纳州参议员山姆·欧文（Sam Ervin）和田纳西州参议员霍华德·贝克（Howard Baker）共同主持，任务是调查是否存在与尼克松总统1972年连任竞选活动有关联的“非法、不当或不道德的活动”——回答“总统知道什么，以及他何时得知”。公共电视台一场接一场地报道了全部听证会，共计250小时。但第1周的作证结束后，3家商业电视网恢复正常的节目播出，并滚动播报每日的听证会新闻。尽管如此，听证会仍吸引了全国大量观众，有约85%的美国人曾经观看水门听证会的某个片段。

随着1973年国会工作（参众两院）联合委员会的成立，对国会会议开展电视直播这一日益增长的诉求，又向前迈进了重大一步。这一委员会旨在考察如何更好地促进国会与美国人民的交流。委员会随后提出的建议——允许摄像机进入两院议事厅——在参议院和众议院引来了不同的反响。与近200年前的情况一样，众议院总体上对扩大开放的想法更为欢迎，参议院则相反。

在众议院，来自马萨诸塞的议长托马斯·（蒂普·）奥尼尔（Thomas [Tip] O’Neil），下令试行安装一套众议院电视系统；试行期自1977年3月开始。为防止议院正常活动受到干扰，遥控摄像机被安装于众议院议事厅内一些安全的、不碍事的角落。试用过程一切正常。然而还有一个关键问题需要众议院规则委员会解决：“谁将负责这些电视摄像机？”是众议院自己，抑或独立于众议院权力的电视网络？在此之前，众议院的电视系统尚不能得到永久的全面安装。1978 年 6 月，规则委员会判定，由众议院自己掌控摄像机对其更为有利。9 个月后的 1979 年 3 月 19 日，众议院电视系统安装到位，全面开机运行。美国公众得以观看众议院的现场活动；但由于众议院掌控着摄像机，一切仍要以它的决定为准。

在众议院允许对其会议进行不间断的电视直播之后，参议院被要求如法炮制的压力便迅速增加。1981 年，田纳西的霍华德 · 贝克成为参议院多数党领袖，不久后便提出法案，要求授权对参议院会议进行直播。贝克对其同僚强调，电视摄像机进入议事厅将为参议院找回“朝气蓬勃、旁征博引的辩论”。贝克说，参议院的辩论“生硬做作、有头无尾、好仪式、走过场，念稿时仿佛一台说人话的电脑在填写会议记录”，参议员们“鱼贯而来，只是为了公开批准我们私下早已决定的事情”。“电视将有助于带来改变，”他说道，“任何一位诚实的参议员都会承认，当我们委员会的听证室内亮起电视信号灯时，出席率定会高涨，政治竞争也火热起来。”

尽管众议院的电视报道获得成功，但许多富有名望的参议员仍坚决反对在参议院引入这一做法。罗得岛的克莱本 · 佩尔（Claiborne Pell）担心：“电视在场将导致更多、更长、更无谓的辩论，更多参议员的姿态展示，以及比现在更少的有用辩论和有效立法。”尽管佩尔承认电视在众议院似乎运作尚佳，但他向同僚们告诫道：“参议院独一无二的角色、迥异的规则和会场运作方式，使这种贸然之举在参议院不太可能有好结果。”路易斯安那的罗素 · 朗（Russell Long）亦反对该提案，宣称它将使得参议员在镜头前摆弄姿态，当参议员本该在委员会的会议中处理要务时，却被电视引到议事厅来。另一些人担心某些参议员为与众议员一争高下，将会雇用演讲培训师甚至化妆师为其服务。威斯康星州的威廉 · 普罗克斯迈尔（William Proxmire）也是电视报道会议的反对者，他强调电视将使参议员更难以达成私下妥协，因为“参议员将发现，他们在公开声明中所持的立场已深烙于荧屏之上”。“电视靠戏剧化才能蓬勃发展，”普罗克斯迈尔说，“任何鼓动对抗的额外因素都只会导致更多的争论——以及或许更糟糕的立法。”佩珀、朗和普罗克斯迈尔所持的论点，与近两个世纪前参议院开门政策反对者的观点，惊人地如出一辙。最终，贝克提出允许电视和广播不间断播出参议院会议的提案，遭到了否决。

到 1986 年初，来自堪萨斯的多数党领袖鲍勃·多尔（Bob Dole）与来自西弗吉尼亚的民主党领袖罗伯特·C. 伯德开始担心，由于缺乏电视报道，参议院会成为这个国家被人遗忘的立法机构。众议员在选民面前的出镜率已远远高出参议员。历史再次重演：上院面临成为被遗忘的议院的危险。最终，两位领袖组织投票，使参议院同意自 1986 年 6 月 2 日起，开展为期 3 个月的全国直播试点。仅数周之后，参议院便投票决定使电视直播永久化。自 1795 年闭门召开立法会议的政策被参议院投票终结后，它还从未向政府开放迈出过如此重大的一步。正如传闻中一位电视记者所言，“他们还能跑，但已无处可藏”。

C-SPAN

C-SPAN（有线－卫星公共事务网络）是一家非营利性私人公司，由有线电视业界于 1978 年 11 月 14 日创立。它的使命宣言是“使政府对美国公众更为开放”。C-SPAN 连接到全美的 1 亿家庭，亦通过互联网连接到全世界的数百万观众。C-SPAN 全天 24 小时播出一系列公共事务的节目，其中包括国会会议、总统演说，以及白宫和国务院的每日新闻发布。哈特研究协会 2013 年的一项调查显示，有 4700 万成年人（占拥有有线电视的成年人数量的 24%）每周观看 C-SPAN 节目。[1]C-SPAN 对众议院的电视转播始于 1979 年 3 月 19 日，即该院允许电视台实况转播会场辩论的第

[1] Press release, “C-SPAN at 34,” March 19, 2013.

1 天。当日，C-SPAN 对众议院的报道中，包括了时任众议员阿尔 · 戈尔（Al Gore）的一段 1 分钟讲话。这次播出仅有 300 万拥有有线电视或卫星接收器的家庭能够收看，当时 C-SPAN 还未像今天这样通过无线网络播送电视节目。

C-SPAN 依赖政府控制下的摄像机所提供的现场画面。两院牢牢控制着各自会场的电视转播权。摄像机为国会所有，由分别位于两院议事厅下层演播室的国会工作人员远程操控。尽管国会提供的画面未经后期处理，但它仅为观众观察场内实际情形提供了一个有限的视角。镜头通常聚焦于演讲台或正在发表演说的议员，那些交头接耳、读书看报，甚至打起瞌睡的代表，则不会进入画面。仅在进行投票时，摄像机才会展示议院全景。按党派计数加总的——而非每位议员的——投票结果，会被投映在荧幕上。

C-SPAN 曾向议院申请增加一些公司自有的自动化摄像机，以便“捕捉议员在辩论期间的举动，或者展示一些固定讲台之外的动向，比如党派领袖向某位普通议员做工作要求其改变选票的场面”。然而，在拒绝授予 C-SPAN 报道众议院会议的更高权限时，党派分野似是无关因素。前共和党议长纽特 · 金里奇（Newt Gingrich）、丹尼斯 · 哈斯特尔特（Dennis Hastert）和民主党议长南希 · 佩洛西（Nancy Pelosi），均对 C-SPAN 增设自有摄像头的请求作出拒绝。最近一次的拒绝是由约翰 · 博纳（John Boehner）议长于 2011 年作出的。“我相信，”博纳说，“目前众议院音像工作室（House Recording Studio）所提供的会场电视转播系统，已能最佳地服务于美国人民及美利坚合众国众议院的威严和体统。”但对众议院是如何通过限制 C-SPAN 对会议内容的报道，来“最佳地服务于美国人民”，则没有具体解释。C-SPAN 对博纳的决定回应道：“我们很遗憾地得知，在一个政治生活中摄像机无处不在的年代，有着 32 年电视转播历史的众议院，选择不允许 C-SPAN 的摄像机进入会场进行播报。我们依然认为，要想最好地服务于公众，除目前国会控制下的镜头以外，还需提供更完整的立法工作画面。我们将继续与博纳议长和众议院的其他领袖保持磋商，希望有朝一日能为媒体争取到这一权限。”[1] 如果说国会依旧秘密行事，那是不准确的；但平心而论，国会对管控 C-SPAN 摄像机一事的坚持，确实令美国观众无法观察到议院的全貌。

[1] "C-SPAN Denied Cameras in the House of Representatives, Again," *Washington Post* staff writer, Rachel Weiner; February 4, 2011.

第7章

黑色预算与人民的钱款

先生们，我想要你们给我10亿美元。不要问我用它做什么——这是军事机密，但我希望你们会给我这笔钱。

——乔治·C. 马歇尔（George C. Marshall）将军，1942年

两次大陆会议的日常工作全都发生在公众视线之外，但多数情况下，议员们对国会工作依然心知肚明。然而随着秘密资金——如今的黑色预算（black budget）——的诞生，不光是人民，许多情况下，就连人民在国会的代表也无法完全察觉行政机构的所作所为。确实，许多时候，对黑色预算项目的细节，为之投票拨款的国会议员即便不是一无所知，也是知之甚少。

黑色预算由行政机构提出要求，目的是为某一涉密或隐蔽行动提供资金。这种预算包含的开销不向公众透露，常常也不为议员所知。许多情况下，项目本身的存在亦未被公开承认。博思艾伦公司前雇员爱德华·斯诺登（Edward Snowden）泄露的绝密文件显示，2013年，联邦政府仅在秘密间谍项目上便花费了超过520亿美元。尽管黑色预算在近些年引来众多关注，但它实在不是什么新鲜事。

最早的黑色预算是在华盛顿总统第一任期时由国会创立的。在1790

年 1 月 8 日的国情咨文中，华盛顿要求国会设立“一项充足的经费，用于支付外事活动中产生的开销”。这笔经费的一部分将被用于传统外交活动，但并非秘密的是，拨款中的一大部分将被用于隐蔽的海外情报活动。

事后证明，独立战争中使用秘密代理人，是国家战争工作中极有价值的一部分。据说华盛顿将军把军事预算的十分之一用于情报搜集。他曾写道 :“为挫败诡计多端的敌人，最紧要的莫过于优质的情报——没有什么值得为之付出更大的代价。”[1] 尽管战争已经结束，但华盛顿相信，维持情报搜集能力不但是执行美国外交政策的必要条件，而且对于维护美国的领土完整也是必需的。大英帝国仍意在使其前殖民地陷于无序。英国人不顾和约规定继续维持其西部据点，声称由于美方违反条约，英国可以正当地保留据点。西班牙活跃于美国的西南边陲，怂恿阿勒格尼山脉（Allephany Mountains）以西的美国定居者转而对其效忠。合众国还同时面临其他欧洲列国的挑战，在新世界那些大体上仍不明归属的广袤疆土上，这些国家正纷纷挤占领地。然而，战争期间建立的对外情报机构——例如约翰 · 杰伊设于纽约的阴谋探查与粉碎委员会（Committee for Detecting and Defeating Conspiracies）——已于战后解散 ；杰伊本人则就任美利坚合众国最高法院首席大法官。华盛顿总统于 1790 年所请求的这笔秘密资金，旨在部分填补这一空白。

总统与国会议员在讨论秘密款项的用途时，都特意做到谨言慎行，总体上避免直接谈及背后的秘密活动。确实，在围绕华盛顿的请求所展开的辩论中，极少有人提及这些活动。在提到外国公使的多种角色时，来自南卡罗来纳的议员威廉 · 史密斯（William Smith）曾对资金的用途有所暗示，他说 :“许多外交战线的官员并不涉及制定条约。可能一位公使在

[1] George Washington to Robert Hunter Morris (Gov. of Pa.), January 1, 1756, National Archives, Founders Online at www.founders.archives.gov/documents/Washington Original source: W.W. Abbot, ed., *The Papers of George Washington* Colonial Series, vol. 2 (University of Virginia Press, Charlottesville, 1983), pp. 249–250.

法国居住 20 年，都不曾参与任何条约的谈判。”[1] 宾夕法尼亚众议员托马斯·斯科特（Thomas Scott）也是华盛顿预算申请的支持者之一，他的话最接近揭露资金的秘密本质。他预测说，当立法机关不在会期时，“将出现秘密工作可能需要钱款（的情况）”[2]。因此，国会所面临的真正问题并非资金是否必要——这一点已基本得到认可——而是将空白支票授予总统用作秘密外交活动经费是否正当。

作为众议院中支持华盛顿的议员代表，弗吉尼亚的亚历山大·怀特说道，不仅“有必要向外国派遣特命全权大使”[3]，而且也有必要建立一笔特殊的资金，这样当国会不在会期时——当时国会每年约召开 6 个月的会议——一旦发生危急情况，总统得以派出外交特使。这笔钱款应允许总统完全按其个人决断提取。怀特还主张，为保护国家驻外代理人的身份及任务，这些钱款的使用细节应作为秘密由总统单独保守。国父们精心构建的制衡体系将不得不让位于对国外情报的更高需求。

南卡罗来纳的威廉·史密斯亦支持华盛顿的预算请求。有人担心，向总统授予如此宽泛的秘密资金使用决定权，将损害国会的监督职能，甚至将抵消系统的制衡机制，史密斯认为他们是多虑了。在他看来，权力制衡的概念与此事并不相关。他解释说，决定“何时何地”派遣代理人并非众议院的职责范围，众议院的作用仅限于“为他们提供薪酬……而这一点，如果正确看待的话，也是一种充分的制约”[4]。这些代理人的活动细节则没有必要提供。

众议院的其他议员并不这么乐意向总统授予权力，使其能在国会监督外秘密花费人民的钱款。弗吉尼亚州议员理查德·布兰德·李（Richard Bland Lee）承认应急资金的必要性，但他主张“在未经（参议院）建议和

[1] *Annals of Congress*, January 26, 1790 (Gales and Seaton, Washington, D.C., 1834), p. 1123.

[2] *Annals of Congress*, January 27, 1790 (Gales and Seaton, Washington, D.C., 1834), p. 1129.

[3] *Annals of Congress*, January 19, 1790 (Gales and Seaton, Washington, D.C., 1834), p. 1100.

[4] *Annals of Congress*, January 19, 1790 (Gales and Seaton, Washington, D.C., 1834), p. 1101.

同意的情况下，总统不应被授权（从这笔款项中）抽取资金”[1]。佐治亚州议员詹姆斯·杰克逊（James Jackson）亦反对总统的请求，他警告道："如果现在我们通过这项法案，今后某些情况下我们将不得不越走越远；这种一人（总统）比众人（国会）负有更多责任的想法，将导致专制政府的产生。"[2] 史密斯并不质疑参议院任命驻外使节的宪法性权力，但说道："如果宪法中未要求（建立秘密款项），那么（提请参议院同意）这一要求就是错误的，因为它将削弱行政官员的职权。"[3] 詹姆斯·麦迪逊也声言支持总统的请求，他指出总统负有任命外交官员的责任，而且比起"与一个庞大机构相连"的情况，总统"单独行事"时能更有效地行使这一职责。众议院的理查德·李提出一项修正案，要求在任命驻外代理人时须先经参议院"建议和同意"；此案尽管获得了些许支持，但最终仍被否决。最后，众议院投票决定，每年向该笔款项划拨资金。

1790 年 4 月 30 日，众议院正式将法案通过的结果告知参议院。由于参议院当时仍采取闭门会议，人们对其中商议情形所知甚少。主要的争议点似乎并不是秘密款项的用途。确实，允许总统在某些外交领域中秘密行事的做法在参议院中也得到多数支持。唯一的争议内容似乎在于拨款数额。众议院的法案将初始资金规定为 4 万美元，参议院则将这一数字减至 3 万。两院谈判会议中，参议院对众议院最初 4 万美元的数额表示同意。但即便如此，也并非所有参议员都对结果感到满意。宾夕法尼亚参议员威廉·麦克莱是孤立主义的公开主张者，他在其私人日记中写道："我认为这笔钱还不如扔掉好。我真不知道有哪一件事需要我们派一位公使到欧洲的某个王宫去做。确实，我们和他们关系越少越好。我对其中的每一个字都投反对票。"[4]

---

[1] *Annals of Congress*, January 26, 1790 (Gales and Seaton, Washington, D.C., 1834), p. 1119.

[2] *Annals of Congress*, January 27, 1790 (Gales and Seaton, Washington, D.C., 1834), p. 1126.

[3] *Annals of Congress*, January 26, 1790 (Gales and Seaton, Washington, D.C., 1834), p. 1119.

[4] William Maclay, Edgar S. Maclay, ed., "Journal of William Maclay," Ch. X (D. Appleton and Co., New York, 1890), p. 304 (digitized by Cornel University).

1790 年 7 月 1 日，对外交往应急资金（contingency fund for thc conduct of foreign intercourse）立法生效。这项资金本身并不对公众隐瞒：它公开罗列于国务院的预算账目。总统可单凭其签名从资金中抽取钱款。尽管国会确实要求总统每年对其所花的数目作出“证明”，但它同时授权总统自行判断是否隐瞒资金的目的和去向。因此，这条新法实质上是在国会最重要的宪法性权力——监督公共支出之权——中，为总统辟出的例外。国会和公众都不知这笔钱款如何以及为何使用。国会最初提供的资金很快便显得捉襟见肘。不到 2 年时间，资金便宣告短缺，此时国务卿托马斯·杰斐逊不得不向财政部部长亚历山大·汉密尔顿致信：“我必须请求从我们在阿姆斯特丹的银行那里取出 4 万多美元。”[1] 到华盛顿总统任期的第 3 年，秘密资金已增至 100 万美元，几乎占整个联邦预算的 12%。

19 世纪早期的多位总统都从应急资金中抽取款项，用以支持一系列秘密行动。美国第二任总统约翰·亚当斯曾担任大陆会议的一名海外代理人，因而当他就任总统时，对情报搜集工作的重要性有亲身的理解。亚当斯将秘密资金用于“雇人在国外为合众国服务”。人们通常认为，美国第三任总统托马斯·杰斐逊支持开放政府和责任政府——确实，对于制宪会议采用密会的决定，杰斐逊是最坚定的批评者之一。然而，杰斐逊最终却成为依照宪法开展隐蔽活动的“始作俑者”，他对秘密资金的使用程度远超之前任何一位美国总统。

杰斐逊对秘密资金的频繁使用植根于一种信念，即总统在其认为环境必要时拥有特权，可向公众甚至国会隐瞒政府的特定行动。杰斐逊对保密制度的运用尤其凸显于外交政策事务，他常常派遣非官方的公民向外国官员传递外交口信。尽管任务本质上是官方属性，但杰斐逊的私人特使不仅

[1] Thomas Jefferson to Alexander Hamilton, June 24, 1792, National Archives, Founders Online at www.founders.archives.gov/documents/Jefferson. Original source: Charleston T. Cullen, ed., *The Papers of Thomas Jefferson* vol. 23 (Princeton University Press, Princetonk 1990), pp. 62–63.

不受国会的监督，而且经常连国务卿也毫不知情。在写给詹姆斯·门罗的一封信中，杰斐逊为自己使用秘密资金进行辩护："我用私人友谊得到用公开正式的交流所不能取得的信任，从而服务于公共利益。"[1]

杰斐逊之所以使用秘密交流方式，也有效率的考虑。杰斐逊某次向俄国派出私人特使后，写信给财政部部长艾伯特·加勒廷，解释自己何以为此。杰斐逊告诉加勒廷，若等待参议院正式批准，失去外交机遇的风险将过于巨大。因此必须手握外交主动权，继续推动进展。杰斐逊还向加勒廷解释道，这件事如果涉及参议院，交涉内容被公之于众的危险也会增加。与先前的本杰明·富兰克林一样，杰斐逊对国会的保密能力不抱信心，他写道："我们认为保密很重要，这次任务知情者越少越好，直至其抵达彼得堡（Petersburgh）——若被参议院知道，那就不可能到达。"[2] 托马斯·杰斐逊于 1801 年从秘密款项中抽取资金，将其用于美国首次秘密颠覆外国政权的行动——此次的对象是位于北非的黎波里（Tripoli）的一个巴巴里海盗（Barbary Pirate）政权。颠覆行动以失败告终。

杰斐逊在整个任期中基本不向参议院透露外交事务。他解释道："宪法并未要求参议院熟知行政部门的关切……因此他们也不可能有资格判断，发往某一特定地点的某项使命是否必要……而这可能是特殊和秘密的情况所要求的。这些全部都由总统定夺。"[3] 尽管杰斐逊向参议院隐瞒外交事务信息的做法偶尔受到一两位参议员的质疑，但他的立场总体上占上风。杰克逊第二任期中的 1810 年，国会再次批准应急资金。

---

[1] Thomas Jefferson to James Monroe, January 8, 1804, Thomas Jefferson, *The Works of Thomas Jefferson*, vol. X (Cosimo Classics, New York, 2010), p. 61.

[2] Thomas Jefferson to Albert Gallatin, August 30, 1880, "Papers of Albert Gallatin," National Archives, Founders Online, "Papers of Albert Gallatin," www.founders.archieves,gov/documents/Jefferson.

[3] Thomas Jefferson to George Washington, April 24, 1790, National Archives, Funders Online at www.founders.archives.gov/documents/Washington. Original source: Dorothy Twohig et al. eds. *The Papers of George Washington*, Presidential Series, vol. 5 (University of Virginia Press, Charlottesville, 1996), pp. 342–346.

詹姆斯 · 麦迪逊——宪法的工程师、美国第四任总统——曾担任杰斐逊的国务卿。他不但知晓杰斐逊在对外关系中运用保密制度的情况，而且往往也参与其中。据说在担任杰斐逊的国务卿时，麦迪逊曾于 1805 年从秘密经费中支取款项，用以召妓取悦一位来自突尼斯的外交特使。[1] 与杰斐逊相比，麦迪逊在担任总统时对国会更为恭敬。但即便如此，他仍不时支取秘密经费。1810 年至 1812 年间，麦迪逊抽取资金开展隐秘行动，以帮助美国占领佛罗里达的一些西班牙控制区——煽动“自发起义”（spontaneous uprisings）。尽管麦迪逊的接管计划以失败告终，但在数年后的 1819 年，詹姆斯 · 门罗治下的美国终于收回了佛罗里达。在 1812 年独立战争期间，麦迪逊总统还资助以让 · 拉斐特（Jean Laffite）为首的海盗，令其从事侦察和间谍活动，甚至同意他们与安德鲁 · 杰克逊将军一道战斗。

在秘密资金诞生的早期阶段，一些国会议员不时企图获得有关资金支出的详细账目。其中一些人甚至试图对该款项所资助的活动建立一套监督机制。这些尝试无一成功。然而在詹姆斯 · K. 波尔克（James K. Polk）总统时期的 1846 年，丹尼尔 · 韦伯斯特（Daniel Webster）早前担任国务卿时滥用秘密资金的传闻，引来了公众的暴怒。韦伯斯特于 1841 年 3 月 4 日至 4 月 4 日、1841 年至 1845 年，分别担任前总统威廉 · 亨利 · 哈里森（William Henry Harrison）和约翰 · 泰勒（John Tyler）的国务卿。

《巴黎条约》虽然结束了独立战争，但并未解决美国与英国间的一切领土争议。在 1783 年《巴黎条约》中，各方力图尽可能切实地划定边界，以防日后“在美国边界的问题上（与英国）产生争议”。但尽管作了努力，还有多条边界未被清晰划定，其中便包括缅因州（State of Maine）与加拿大新不伦瑞克省（province of New Brunswick）之间的边界。韦伯斯特国务卿决心与英国缓和关系，故愿意考虑在边界问题上作出让步。然

[1] Stephen F. Knott (guest columnist) “America Was Founded on Secrets and Lies,” *Pittsburgh Post-Gazette* (April 24, 2016).

而，对于向英国出让美国国土的任何妥协，缅因州的舆论都强烈反对。于是，韦伯斯特精心策划鼓噪活动，操纵该州舆论——经费由秘密应急资金提供。韦伯斯特的暗中行动包括游说缅因州议员，以及在当地报纸中植入倾向于支持英国立场的文章。在鼓吹中，韦伯斯特甚至引入了一张据称属于本杰明·富兰克林的地图——很可能是伪品——图中似乎佐证着英国的边界主张。

出于原则考虑，国会中有一些人在总体上对保密制度的使用——甚至包括在外交政策领域的使用——感到不安。韦伯斯特秘密挪用公共资金、影响国内民意等谣言反复出现，更叫人忧心忡忡。用资金影响海外事务是一回事，但用来影响国内事务就不同了。韦伯斯特在缅因秘密活动的消息一传出，众议院于 1846 年 4 月 19 日就通过决议，要求波尔克总统“向国会提供与美英东北边界争端相关的对外交往应急资金开销账目，这笔应急资金是依法通过国务院机构所划拨的”。该决议的提出者是查尔斯·J. 英格索尔（Charles J. Ingersoll），这位宾夕法尼亚州众议员是丹尼尔·韦伯斯特的强大政治对手。

尽管英格索尔的决议以压倒性多数通过，但也有众议员坚决反对这一决议。北卡罗来纳的詹姆斯·I. 麦凯（James I. McKay）担心，要求总统提供这些文件，会从根本上破坏创立秘密资金法令的目的。“我们政府的政策向来是将一笔秘密工作资金交由总统管辖。如果决议中所要求的文件被交至国会，”麦凯争辩道，“法律授权进行这些（秘密）支出的目的便会被完全破坏，而且在日后事件中，这将变成为类似做法正名的先例。”[1] 英格索尔回应称，自己“应该成为常规申请秘密经费的最后一个干涉者”，但这是一次“不同寻常的事件”，牵涉到对韦伯斯特“极度滥用资金”的指控。毕竟，他“为达成东北边境条约，而通过卑鄙的代理人将部分资金用于腐化媒体”。[2] 在秘密资金的使用问题上，英格索尔在外交和国内事务之

[1] *The Congressional Globe*, April 10, 1846 (Blair & Rives, Washington, D.C.), p. 637.

[2] *The Congressional Globe*, April 10, 1846 (Blair & Rives, Washington, D.C.), p. 637.

间划出了一道明晰的界线。

波尔克总统拒绝提供众议院所要求的经费账目。在 1846 年 4 月 20 日发表的特别致辞中，波尔克强调其本人从未使用过秘密资金，而且“只有极特殊的情况下我才考虑动用这一权力”。但他依然指出，根据授权创立秘密应急资金的法律，总统只需对“依其判断可以公开”的支出作出解释，“并对他认为不宜具体罗列的其他支出作出总额的说明”。波尔克的观点是，“在该法授权下”，存在“两种不同类别的支出——一种是公开的，另一种则是私下的、机密的。法律规定，对于一笔支出应属公开抑或私下，支出行为发生时在位的总统是有权作出判断的唯一人选”。

波尔克总统承认自己“充分意识到，针对政府行政中任何类型的保密制度，尤其是在公共支出方面，全国上下都存在着一种强烈且正确的公共感受”。然而凡事都有例外。“这个世界上所有民族的经验都证明，紧急情况有可能出现，而到那时为公共利益起见，将有必要为不能公开的方面花费钱财。没有一个国家公开这种经费的使用……如果向财政部会计部门提交原始文件和收据，导致我们的目的被人获知，有益的项目便可能统统遭遇失败。”[1] 波尔克继续解释说：“当对外谈判悬而未决时，明智而妥当的做法，是将知情者的范围限制在行政部门。我们的法律要求对一切特定支出作出解释，然后公开议定。这里所存在的唯一特例，并不是要对公众隐瞒以总统印信支取的资金总额，而是说，其中包含的项目不应被泄露出去。在这方面——也仅在这方面——保密制度应得到遵守。”他也不失时机地指出，“整件事在我上任之前就已经结束了”。

众议院在韦伯斯特案中提出的请求也引发了另一个相关问题，即“一位继任的总统——不论出于自愿或是应国会某院的请求——是否能不违反法律精神地修改其前任的决定，并将其前任所认定不应公开的事务公之于

[1] President James K. Polk, Special Message to the House of Representatives, April 20, 1846. Online by John Wolley and Gerhard Peters, *The American Presidency Project,* www.presidency.ucsb.edu.

众”？“如果不是严格的职责问题，”波尔克说，“保险的一般规则当然是：不该这样做。确实，完全可能出现——日后也确实可能发生——的情况是，现任总统并不掌握其前任借以作出决定的那些信息，故也无从判断其决断行使得是否明智。”[1] 国会未再正式要求波尔克提供详尽账目，说明总统支用秘密资金的情况。波尔克总统与国会监督权大胆抗衡的立场，有效阻止了在此后的一个多世纪中，国会对行政部门的隐秘行动行使事实监督权力的一切主张。直至二战结束和1947年《国家安全法》（National Security Act）生效，国会才开始监督行政部门的情报活动和其他隐秘活动。

1947年的《国家安全法》于哈里·S. 杜鲁门总统任内生效，旨在“整合与国家安全相关的政府部门、机构和职能所适用的政策与程序”。法案的一项关键条款，便是创立中央情报局——美国首个常设的国家情报搜集实体。参众两院将监督职责分别委托于参议院国防拨款小组委员会（Appropriations Defense Subcommittee）和众议院军事委员会（Armed Services Committee）；但在实际操作中，与中央情报局和其他情报机构活动有关的信息，通常仅限于这些委员会及其小组委员会的主席和少数党籍高级别委员知晓。涉及的普通人员通常限于一两位资深成员，其主要工作是确保情报机关的资金需求被纳入国防部的年度预算。监督工作——如果这也称为监督的话——通常由中情局局长和国会的一些资深议员负责执行。国会实际上未作为一个整体参与此事。

20世纪50年代和60年代中，尽管偶尔有人试图通过建立特别情报委员会来更有力地行使监督权，但未有任何提案得到过认真审议。国会许多议员倾向于赞成马萨诸塞州参议员莱弗里特·索顿斯托尔（Leverett Saltonstall）的观点；后者曾于1956年在参议院会场中声明，这“并非是

[1] President James K. Polk, Special Message to the House of Representatives, April 20, 1846. Online by John Wolley and Gerhard Peters, *The American Presidency Project,* www.presidency.ucsb.edu.

中情局官员不愿与我们对话的问题，而是我们自己不愿——如果可以这样说的话——去索要关于那些事务的信息和情况；我个人——作为一名议员和一位公民——宁愿不知道这些事情”。

在中情局创立后 25 年多的时间内，索顿斯托尔参议员所表达的这种甩手不管的观点，正是国会始终采取的监督模式。许多国会史学家将此时期称为“信任时代”或“善意忽略”的时期。但即便在此之前，国会在监督中采用甩手策略也是常态。最好的例子也许莫过于二战时期的曼哈顿计划（Manhattan Project）。

曼哈顿计划

1788 年 6 月弗吉尼亚州制宪会议期间，詹姆斯 · 麦迪逊曾向其他代表解释称，宪法给予国会对公共钱袋的控制权。而作为控制权的一部分，国会被授予“必要时决定向公众隐瞒哪些支出的自由裁量权”。在之后的岁月中，国会多次行使这一裁量权，从其官方日志和宪法所要求的“有关公款支出的账目”中，剔除它断定应保密的内容。情报搜集活动、战时秘密军事行动及其他与战争相关的行动，均照例向公众隐瞒。

启用黑色预算后近 150 年中，政府一直惯用这一做法向人民屏蔽敏感活动；尽管如此，二战时期的曼哈顿计划无论在其项目本身，还是周围保密工作的规模、范围及所涉人员方面，均是史无前例的。政府对这一项目讳莫如深：虽然国会被要求向该项目授权约 20 亿美元（相当于如今的 200 多亿美元），但曼哈顿计划的知情者仅限于屈指可数的几位政府要人。广大民众对其毫不知情。

1939 年开展的曼哈顿计划最初是一个基础研究项目，旨在判断制造原子弹是否可行。随着美国加入二战，曼哈顿计划被提升至研发状态，最终导致世界上首批核武器的诞生：1945 年 8 月 6 日于广岛投下的“小男孩”

(Little Boy) 和 3 天后在长崎上空爆炸的"胖子"(Fat Man)。

为该项目提供必要人员和资源的保障工作，最初被交给科学研发办公室（Office of Scientific Research and Development）负责——多数的战时研发项目均由该联邦办公室管理。但鉴于所需建造的设施众多，项目的总体管理工作被移交至莱斯利·格罗夫斯（Leslie Groves）上校所管理的美国陆军工程兵团（Army Corps of Engineers）。项目总部位于纽约曼哈顿新建的曼哈顿工程区（Manhattan Engineer District），故称曼哈顿计划。截至战争结束时，格罗夫斯及其手下工作人员在 20 余个绝密地点建设了研究、设计和生产设施，总耗资约 18.9 亿美元。

自一开始，确保曼哈顿计划的绝对保密便是头等大事。绝不能让德日两国知晓这一计划；尽管苏联人当时是美英的正式盟友，但罗斯福总统与英国首相温斯顿·丘吉尔（Winston Churchill）早已商定好，将苏联领导人约瑟夫·斯大林（Joseph Stalin）一并蒙在鼓里。罗斯福和丘吉尔两人都将高度集权的苏联看作未来的潜在敌人。

美国成功阻止了德国企图对曼哈顿计划的渗透。尽管德国在美国布下数个间谍网，但其间谍从未越过该项目的保密藩篱。有关曼哈顿计划的流言亦传至日本，但同德国人一样，日本人也未能探得该项目的秘密。苏联的情况则有所不同。苏联间谍在刺探曼哈顿计划时更为成功，主要是由于获得了一些持共产主义理想的美国人的支持。确实，据说苏联间谍网得知这一计划的时间甚至早于联邦调查局（FBI）。最终，苏联间谍工作的成功，使其得以在短短 4 年后便开发出自己的原子弹。

要防止美国的敌国知晓曼哈顿计划，意味着要对所有未实际涉身其中的人隐瞒计划的存在。即便在华盛顿特区的联邦政府内，由于严守秘密的必要性，正常的乃至宪法规定的行政和立法监督工作就算不至于被完全无视，也要作出适当调整。确实，仅有屈指可数的政府官员知道曼哈顿计划的存在。白宫中，富兰克林·罗斯福总统、战争部部长亨利·史汀生（Henry Stimson）和（陆军参谋长）乔治·C. 马歇尔将军有权接触曼哈顿计划的工作。行政部门中有其他一小部分官员直接参与此计划，他们亦暗中知晓其中秘密。但在为数不多的这些核心官员之外，曼哈顿计划仍被保密所笼罩。事实上，罗斯福的副总统哈里 · 杜鲁门直至 1945 年 4 月于罗斯福总统去世后接任总统之职时，才获知这一计划。

1945 年《生活》杂志发表的一篇文章估计 ：“也许在整个国家中，仅有数十人了解曼哈顿计划的全部含义，在他们以外，（该计划 10 万名直接建设者中）可能也仅有 1000 人意识到他们正在制造原子弹。”[1] 整个项目延伸如此之广、分工如此之细，以至于除那些拥有最高知情权限的人以外，其他人至多只能盲人摸象般了解这一计划。在格罗夫斯看来，“对知情内容进行划分……便是保密的关键所在……每个人应掌握为完成其工作所需的全部信息，其他则应一概不知”。《生活》杂志称，成千上万参与这一计划的人“就像鼹鼠一样在暗中工作”。

有关曼哈顿计划的信息总体上未向国会透露。众议院中，来自得克萨斯的议长山姆 · 雷伯恩（Sam Rayburn）、来自马萨诸塞的多数党领袖约翰 · W. 麦科马克（John W. McCormack）和同州的少数党领袖约瑟夫 · W. 马丁（Joseph W. Martin），定期收到这一计划的情况通报。在参议院，来自肯塔基州的多数党领袖阿尔本 · W. 巴克利（Alben W. Barkley）、缅因州少数党领袖华莱士 · H. 怀特（Wallace H. White）、在军事拨款小组担任主席的俄克拉荷马州参议员埃尔默 · 托马斯（Elmer Thomas）和担任副主席的新罕布什尔州参议员斯泰尔斯 · 布里奇斯（Styles Bridges），也被同步告知计划的进展。战争部部长史汀生、马歇尔将军和布什博士[2] 负责向国会作情况通报。国会的其余 524 名议员均不知情 ；美国人民也是如此。

1962 年，退休后的格罗夫斯将军，回忆了曼哈顿计划最初数次国会

[1] “Mystery Town Cradled Bomb:75,000 in Oak Ridge, Tenn.” Worked Hard and Wondered About Their Secret Job, *Life* (Aug. 20, 1945), p. 111 (retrieved Feb. 12, 2016).

[2] 万尼瓦尔 · 布什（Vannevar Bush，1890 年 3 月 11 日至 1974 年 6 月 28 日），美国工程师。——译注

通报中某一次的情形。通报结束时，在座的代表——雷伯恩、麦科马克和马丁——不仅同意满足曼哈顿计划的全部资金需要，而且同意向其他众议员保守秘密。据格罗夫斯说，“众议员们毫无保留地表明了他们的赞成。他们说，尽管所需资金甚巨，但他们会尽其所能，使即将审议的拨款法案包含这笔资金。他们还说，没有必要向拨款委员会再作更多解释”[1]。1947年，米勒德·泰丁斯（Millard Tydings）参议员描述的委员会会议，充分显示出对于资助曼哈顿计划的“没问题”态度。“一天，马歇尔将军来到拨款委员会，”泰丁斯描述，“然后说了大意如此的话：‘先生们，我想要你们给我10亿美元。不要问我用它做什么——这是军事机密，但我希望你们会给我这笔钱。’委员会的回应是：10亿美元是否够用？”[2]

曼哈顿计划的整个执行过程中，知晓项目内情的众议员和参议员们，总是能不动声色地为计划筹措到资金。多数情况下，项目资金隐藏于美国的陆军预算当中；其中的细节是绝无可能窥探到的。然而，对从陆军预算中偶然瞥见的某些神秘栏目，有时一些国会议员确实会产生疑问。不过，由于山姆·雷伯恩与阿尔本·巴克利在国会同僚中威望甚高，他们二人通常都能使拨款委员会和小组委员会的主席们“看向另一边”，以免他们提出麻烦的问题。在二人少数的不成功案例中，打听者得到的答复远不如外交辞令那般周密婉转。在国会听证会上，时任参议员哈里·杜鲁门对“里奇兰项目”（Richland Project）——里奇兰是为建造汉福德（Hanford）钚生产基地而征用的数个小镇之一——中异乎寻常的高额支出提出疑问，但得到的回答却是：“我们拿去做泡泡糖了。”

政府的保密制度当然并不新鲜。然而，围绕曼哈顿计划而进行的保密却是史无前例的；这不仅是因为它严格限制了政府官员可以告知公众的信

[1] Gen. Leslie M. Groves, *It Can Now Be Told: The Story of the Manhattan Project* (Da Capo Press, New York, 1962), pp. 362–363.

[2] “The CIA’s Secret Funding and the Constitution,” Yale Law Journal, 84 Yale L.J. 608 (January 1975), pp. 21–22; U.S. Senate, Committee on Armed Services, Hearings on the National Security Act, 80th Congress, 1st Session (Washington, D.C.: 1947), Part 2, p. 623.

息——高度机密的事件一贯如此——还是因为维持如此级别的保密，竟全靠普通美国人的主动支持，这些为此计划工作的美国人着实数以万计。的确，该计划的保密帷幕常常笼罩整个城市。田纳西州的橡树岭镇和华盛顿州的汉福德镇均由联邦政府建造，为给这些新“城镇”腾出位置，数千名居民不得不迁往别处。军队安保人员在设施周围警戒巡逻；同一基地中，研究团队的内部和不同团队间的彼此交流均受到密切监控，与其他项目中心之间的正式通信亦经过编码和加密。为曼哈顿计划工作的人员须“阅读并签署《间谍法》（Espionage Act）或一项特殊的保密协议”，确认自己知晓保密义务，也了解一旦违背将被解职。[1]

被派到不同项目基地的科学家、工程师和工人，不仅在工作中须严格遵守保密命令，而且在结束一日的工作、回到家后也是如此。他们不得与家人或朋友谈论起工作中的任何方面。若工人的家人居住于这些新城镇，他们的个人活动也将受到严格限制。许多地方禁止使用私人电话和收音机。个人邮件通常不被禁止，但会进行严格审查。由于洛斯阿拉莫斯（Los Alamos）的确切位置本身就属于秘密，因此该地居民被要求使用虚构的邮件地址——“新墨西哥州圣塔菲（Santa Fe）1663 号信箱”。此外，城镇居民到基地外旅行时最好使用假名，孩子们在学校也应避免使用全名。橡树岭出口处的大门旁竖立着一块巨大的公告板，上面以清楚无误的字句归纳了保密准则：“这里所见到的、做过的、听到的，都是不能带走的。”

1942 年末，罗斯福总统向万尼瓦尔·布什致信称，尽管曼哈顿计划的“工作在极度保密下进行，公众对其一无所知……”，但他希望“有朝一日有人能完整讲述其成就的故事”。[2] 许多年后，事实确如总统所愿。

---

[1]　Anthony Cave Brown and Charles B. McDonald, *The Secret History of the Atomic Bomb* (Penguin, New York, 1977), p. 210.

[2]　Franklin D. Roosevelt to Vannevar Bush, November 17, 1942; Online: Special Collections & Archives Research Center, Oregon State University, 2015.

当今的黑色预算

尽管黑色预算一词来源并不久远，但当今的黑色预算，与225多年前乔治·华盛顿总统所要求的第一份黑色预算，在用途上如出一辙。那些政府不愿公开资金规模和行动细节的项目（包括军事项目、情报搜集和国土安全行动），仍用黑色预算一词来指称。虽然黑色预算活动的资金已包含于联邦预算，但项目本身的存在却是秘密，因而除少数直接参与项目监督的国会议员知情外，具体的项目是不公开的。某些情况下，这笔资金被直接归入另一项非涉密项目的资金；另一些情况下，该笔资金可能作为一个单独项目列出，但项目的名称是虚构的，支出金额被删去，用途也被掩盖起来。

对于是否公开情报项目的支出规模，支持方和反对方的论点基本上围绕着两种对立的考虑：政府公开完整账目对促进政治话语开放的价值，以及向现实中或潜在敌国泄露有用信息的危险。1977年4月，参议院情报委员会听证会要直接处理的，便是这两种考虑的紧张关系。听证会需正面关注的问题是："公布用于情报活动的资金，是否符合公共利益？"[1] 委员会庭前证人们的观点各有千秋。主张进一步公开情报支出的人——例如威斯康星州参议员威廉·普罗克斯迈尔——坚持认为，"人民不仅有权知情，而且当他们真正知情后，将获得一个远比现在高效的政府。我们只有受到批评才能改进，而你只有知道自己在说什么，并且掌握一些信息时，才能批评"。就连中情局局长斯坦斯菲尔德·特纳（Stansfield Turner）也同意，"公开将使公众清楚认识到自己国家的情报活动"，从而使他们能对政府支出的优先次序作出"大致的评估"。还有一些人，对仅公示支出的总规模也持反对意见；他们反驳称，若缺乏支出的细节——无人要求公开细

[1] Senate Select Committee on Intelligence, "Whether Disclosure of Authorized for Intelligence Activities Is in the Public Interest," 95th Cong., 1st Session, April 27–28, 1977 (Government Printing Office, Washington, D.C.), p. 4.

节——公众对政府情报的支出，不会作出更有见地的判断；因此情报搜集应被视为一种特殊的活动，不受开放社会中通常采取的监督程序约束。委员会最终站到了主张扩大公开的一方（但仅以一票的优势），并总结称，“从实际来看”，更高程度的公开将使人们了解更多信息，从而使其能够“在情报支出和健康、教育或者某套武器系统的支出间相互权衡”。尽管委员会作出了这一结论，但要求公示情报支出——即便仅公开总额——的立法却未能完成。黑色预算漆黑如旧。

1991 年 12 月苏联倒台后，隐蔽情报工作周围几乎密不透风的管制再一次受到攻击。支持扩大公开的人主张，随着苏联解体，冷战如人们所期望的那样结束，再没有什么正当理由要对美国政府在情报搜集上的支出总额保密了。他们宣称，如今，情报支出总额的信息，几乎不会再被外国政府有效利用了。非国家的恐怖组织更无力利用情报支出数据。是时候将其公开了。

国会审议 1992 年《情报授权法》（Intelligence Authorization）期间，参议院情报特别委员会（Select Committee on Intelligence）提出一份法案，强制公开某些情报及与情报相关的预算——但仅要求公布预算总额。同期处理这一法案的参议院军事委员会则持不同观点。该委员会指出，情报支出的公开——即便是以总和形式——意味着严重偏离国会及行政机构二者以往的实践，因而将“对情报活动的开展，和尚未经过详细研究的情报政策的形成”，造成“深远影响”。众议院的同步法案中，没有条款要求公开情报支出；众议院的委员会转而建议，将这一预算报告法案的审议推迟至下一财年（1993 年），以便作出更详细的评估。国会最终以妥协的语言表达了“国会的意见”：“情报活动及与之相关的活动所需要、获批和花费的经费总额，应以适当方式向公众公开。”参议院版法案中关于强制公开的表述之所以被删除，至少部分可归因于乔治 · H. W. 布什（老布什）政府的强烈反对。老布什曾经担任中情局局长，早在 1977 年的某次证言中就反对公开。即便在 1992 年法案的签署声明中，老布什总统也不忘重申其反对公开情报支出的立场："由于保密对情报活动的成功是不可或缺的，所以在此法案授权下，资金规模属于并将继续属于秘密。"[1]

然而保密问题并未就此尘埃落定。2004 年 7 月 22 日，美国国家恐怖袭击事件委员会（National Commission on Terrorists Attacks Upon the United States，通常称为"9 · 11"委员会）发布最终报告，建议不应再对国家情报机构所花费的"总额"进行保密。委员会认为："单单总额本身，几乎无法为外界洞察美国情报来源和情报手段提供帮助。"尽管"情报组织不应公开（其全部细节）……但连总数都隐瞒时，人们将很难评判优先性，也很难形成政府的责任"[2]。

尽管政府自 2007 年起开始按年公布情报支出总额，但并未透露钱款的使用方式，也未说明支出的效果是否达到总统和国会所设定的目标。2013 年 8 月 29 日，《华盛顿邮报》（*The Washington Post*）发表文章称，联邦政府为 2013 财年黑色预算行动拨款 526 亿美元。这一信息取自爱德华 · 斯诺登所泄露的 178 页长的绝密文件——他作为博思艾伦前合同工，曾从事情报相关的工作。斯诺登所揭露的预算汇总，详细罗列了联邦情报组织架构下 16 个情报机构的许多任务及其成败情况。文章描述称，秘密预算绘制出"一幅关于官僚系统和行动项目的地图，此前这从未受到过公众的监督"。文章还指出，许多活动和项目的预算如果被拿到明面上由公众和国会进行辩论，则有可能不会被批准。次年，《每日野兽》（*The Daily Beast*）上另一篇文章揭露，联邦政府计划于 2015 财年在涉密项目上投入 587 亿美元。

可公开获取的有限数据显示，自 2001 年的"9 · 11"恐怖袭击以来，情报支出（以不变美元计算）已大致翻了一番。斯诺登泄密案发生

[1] President George H. W. Bush, Statement on Signing the Intelligence Authorization Act, Fiscal Year 1992 (The White House, December 4, 1991).

[2] National Commission on Terrorist Attacks Upon the United States, *The 9/11 Commission Report* (Government Printing Office, Washington, D.C., 2004), p. 416.

后不久，国家情报总监詹姆斯 · R. 克拉珀（James R. Clapper）在致《华盛顿邮报》的公开信中，对黑色预算的大幅增加作出解释。他写道 ："自'9 · 11'恐怖袭击以来——这一时段涵盖了在伊拉克和阿富汗的战争、大规模杀伤性武器技术的扩散，以及网络战等领域中的不对称威胁——美国投入了巨额的资金。"他还解释道 ："我们不足国内生产总值 1% 的预算之所以被保密，是因为这些预算有助于外国情报机构窥探我国的优先考虑、能力、资源和手段，保密使我们得以获取信息、对抗威胁。"[1]

2010 年《情报授权法》要求，国家情报总监应公布国会在每一财年为国家情报项目划拨的款项总额。该项目容纳了包括中央情报局和国家安全局在内的 16 个联邦机关的情报搜集活动。90% 以上的情报支出被列入国防部预算。同时，2010 年的这一法案，还授权总统以下列形式拒绝或搁置参众两院情报委员会所要求的公示 ：(1) 以非保密形式声明公示将有损国家安全 ；(2) 声明拒绝或搁置的详细理由——该声明能够以保密形式提交。国家情报总监所发布的关于年度公示报告的新闻稿中，有这样一条否定性声明 ："与国家情报项目预算相关的一切附属信息均不公开。除国家情报项目预算的总额公开以外，其他任何仍属秘密的国家情报项目预算信息均不会公开，因为这类公开将损害国家安全。"大体上，美国的黑色预算行动仍保持原样。

[1] Statement of James R. Clapper, *The Washington Post*, August 29, 2013.

第 8 章

行政部门的保密与公开

举国均对总统一人形成某种观点；故唯有总统一人可于顷刻间以直接影响力塑造观点、号令全国。

——伍德罗 · 威尔逊，1908 年 3 月 24 日

在国父们看来，国会在使公众对政府工作知情方面负有主要责任——毕竟它是本国法律起源之处。为履行这一职责，国会先是公开日志，后又向公众开放会场。但在另一方面，总统却被国父们视为一个更加遥远，甚至具有君权色彩的角色。他与人民的关系不会那么直接：在其选举时，人民不直接参与；当其在任时，人民亦无法对其行为施加实际影响。与总统相关的许多事情都将对人民隐瞒。不论国会的单个议员如何见多识广，他的视角却必定有所局限——不论从地理上还是就国家政策而言。唯有总统拥有充分的全国性视野，得以处理那些影响国家整体的事务。而且，若无总统参与——或许可以说，若无总统的主动帮助——国会将无力履行自身的许多宪法性职责。因此，国父们在宪法中纳入一条明确陈述，规定总统有责任使国会——并通过国会使美国人民——知悉国家的状况。

要求总统使人民了解国家总体事态的这一想法，似乎出自 1787 年 5 月 29 日由南卡罗来纳的查尔斯 · 平克尼提交的宪法方案。平克尼的方案规定，“总统应不时地向立法机关告知有关联邦事态的信息”。然而除要求总

统提供该信息外，平克尼的方案并未规定信息何时提供、如何提供，也未列举总统应谈及的主题。这些由总统自行定夺。平克尼方案还要求，总统应依据自身对联邦事态的评估，向国会推荐“他所认为必要的措施”，供国会审议。细则委员会 1787 年 8 月 6 日的草案中，纳入了与此相仿的条款。宪法中仅有这两处——联邦事态条款（State of the Union Clause，即国情咨文条款）和所谓的推荐条款（Recommendation Clause）——要求总统向人民及其选出的国会代表直接发声。

国情咨文

国情咨文是宪法第 2 条第 3 款第 1 项中的规定。普遍认为，国情咨文演说是一年中最重要的总统演说。虽然总统也可在其他场合向两院联席会议发表演说——例如罗斯福总统于 1941 年 12 月 8 日发表的《关于要求向日本宣战的国会演说》——但在一年一度的国情咨文中，总统不仅能够汇报国家事态，而且也能阐述他对来年立法事项轻重缓急的见解。如今，总统虽然常常通过讲话、发布会和采访等形式，与国会及民众沟通，但国情咨文演说却向他提供了一个独一无二的机会，可以用一篇讲话通告全国。在向美国公众发表年度演说时，总统可将宪法授予他的多项职权——国家元首、行政首长、首席外交官、三军总司令，以及现代的首席立法者——为其带来的不同视角，荟萃于同一篇讲稿中。因此，国情咨文讲话是人民知情权中至关重要的组成部分——人民有权知道他们的总统在想什么，以及他为何这样想。

国情咨文在历史上曾经历重大演变，讲话形式、发布方式及篇幅均有变化。收音机和电视机的出现极大地影响了年度讲话的发布方式、风格和政治重要性。咨文在报纸及广播电视记者间——近些年也包括在博客和推特用户中——引发热烈的讨论与分析。但虽有这些变化，国情咨文的最初目的大体上并无改变——与美国人民分享总统对国家状况的评估。

1790 年 1 月 8 日的国会联席会议上，乔治 · 华盛顿总统向国会发表了历史上第一篇总统年度讲话，讲话的发表地点是纽约市联邦厅——政府临时驻地——的参议院议事厅。[1] 华盛顿的讲话十分简短，仅为 7 页手写讲稿（1089 词；克林顿总统于 1995 年发表了篇幅最长的口头咨文，总计 9190 词）。华盛顿在讲话开始处便强调，“我国的信用和可敬形象不断提升——人们对于联盟政府普遍有更多的善意——而且我们正享有和谐、和平与富饶”；继而他列举出这一新国家当时面临的挑战，其中包括行政当局需要资金和支持，以在外交事务中增进美国的利益，以及有必要建立常备军，以延续“我们享有的和平与富饶”。内政方面，华盛顿敦促国会创立国家货币、统一的归化办法、邮政邮路、公共教育系统，以及一套建立公共信用、偿还公共债务的方案。与如今的做法相比，华盛顿的演说明显超然于政治；他的演说在有力的行政领导和对国会角色的适当尊重间找到了恰当的平衡，因而同时受到两院议员们的好评。报业也对演说作出积极正面的报道，许多报纸全文印发华盛顿的讲话。

1801 年，托马斯 · 杰斐逊就任总统后，决定不再亲临国会发表年度演说。他认为这种做法显得过于“天威浩荡”，太过类似于英国君主向议会每年诰敕的《御前宣言》（Speech from the Throne）。杰斐逊选择提交一份书面讲话。他致信参议院议长，解释自己为何不亲身到场：“我之所以这样做，主要是为了立法机关方便，为了节省时间，为了避免议员因答不出问题而感到尴尬，也是为了有利于公共事务。”[2] 一些历史学家则推测称，由于杰斐逊并非高明的公共演说家——他的就职演讲几乎难以听见，观众

[1] George Washington, *State of the Union Address*, January 8, 1790 (Federal Hall, New York).

[2] Thomas Jefferson: “Letter to the President of the Senate and to the Speaker of the House of Representatives Regarding the President’s Annual Message,” December 8, 1801. Online by Gerhard Peters and John T. Woolley, *The American Presidency Project* http://www.presidency.ucsb.edu.

反响不佳 [1]——因此可能不愿发表口头的年度演说。[2]

向国会递交书面咨文的做法延续了 100 多年。直至 1913 年，伍德罗 · 威尔逊总统才打破传统，亲临国会联席会议发表演说。威尔逊认为，总统之职不应仅是某个遥远的政府机构，人民和国会都需要一位有形的个人领袖——这种领导力只能通过直接对人民发表演说来展现。1919 年和 1920 年，威尔逊的健康状况令其无法亲临发表演说。沃伦 · 哈定的两篇年度讲话由其亲口发表。哈定于 1923 年 8 月去世后，时任副总统卡尔文 · 柯立芝继任总统之职；(1923 年 12 月）柯立芝的年度讲话通过无线电实时转播。尽管人们大多认为，在所有总统中，富兰克林 · 罗斯福对于广播的运用最为炉火纯青（他在 1933 年至 1944 年间发表了 30 次炉边谈话），但最早使用广播向全国发表演说的却是卡尔文 · 柯立芝——他的这次广播轰动全国。确实，12 月 5 日，在柯立芝广播演说的前一天，《纽约时报》便写道："柯立芝总统明天向国会演说的声音将传至美国大部分地区，他的声音将在听众数量上超过历史上任何人的声音。"[3] 柯立芝其余的国情咨文（于 1924 年至 1928 年），以及赫伯特 · 胡佛（Herbert Hoover，于 1929 年至 1932 年）的全部 4 次年度咨文，均以书面形式提交。[4]

1934 年，富兰克林 · 罗斯福总统恢复亲口发表国情咨文演说的做法。罗斯福当年的这篇演说被第一次冠以"国情咨文"的名称；但直到哈里 · S. 杜鲁门时期，这一名词方被普遍使用。尽管罗斯福之后的通常做法是由总统亲口发表国情咨文，但也有例外。杜鲁门（于 1946 年和 1953 年）、德怀特 · 艾森豪威尔（Dwight Eisenhower，于 1961 年）和卡特总统（于 1981 年）均以书面形式递交年度咨文。1972 年，尼克松总统同时

[1] Gerhard Casper, "Executive-Congressional Separation of Powers During the Presidency of Thomas Jefferson," Stanford Law Review, vol. 47, no. 3 (February 1995), p. 480.

[2] *The Jefferson Monticello*, "Public Speaking," Online at Monticello.org (Charlottessville, VA).

[3] *New York Times*, "On This Day," December 5, 1923 (The New York Times Company, 2010).

[4] *State of the Union Addresses and Messages*, The American Presidency Project, John Wooley and Gerard Peters, eds.

发布口头及书面咨文；1973 年和 1974 年，尼克松向国会一连递交 6 份书面咨文，每篇标题均为“国情咨文”。卡特总统亦于 1978 年、1979 年和 1980 年同时发表口头与书面咨文。罗斯福的最后一篇（于 1945 年）与艾森豪威尔的第四篇咨文（于 1956 年）不仅通过书面形式递交国会，还以摘要形式向美国人民广播。1947 年，哈里·杜鲁门首次通过电视发表国情咨文。

推荐条款

尽管宪法第 1 条规定“本宪法所规定的立法权均属合众国的国会”，但正如詹姆斯·麦迪逊在《联邦党人文集》第 47 篇中所言，宪法同时授予总统在立法过程中担任重要的“非客观代理人”。该职能要求总统“(向国会）推荐他认为必要和适当的措施，供其审议”。这项推荐条款表明，总统的行政首长之职，使其能够对联邦的总体事态产生一种广泛的见解，这是国会议员极少能做到的。该条款也认定，总统是有责任代表全体人民的唯一政府官员。

在制宪会议上，推荐条款中原先的用词是“事务”，后来国父们将其改为“措施”，以阐明他们期望总统推荐的并非空泛的观点，而是具体的立法。同时在古弗尼尔·莫里斯的建议下，大会将“可能认为”一词改作“认为”。正如莫里斯解释的那样，这是“为了规定总统有推荐的职责，以免当他这样做时受到人们的责难和挑剔”[1]。这一用词的变化使得无人能够指责总统插手国会事务。除这些改动外，该条款几乎没有再被讨论。这项推荐条款在日后变得极为重要，但当时亚历山大·汉密尔顿（在《联邦党人文集》第 77 篇中）却将其列为次要的总统权力之一，他写道：“无人

[1] “Madison Debates,” August 24, 1787, The Avalon Project (Lillian Goldman Law Library, Yale Law School, 2008).

对这一级别的权力提出反对；它也无法被反对。”[1]

尽管严格说来，推荐条款是向总统施加了一项明确的职责，但其履行与否却完全取决于总统。国父们在条款中并未要求总统陈述提案理由，或向国会提供审议提案时可能需要的信息。此外，国会亦无迫使总统向国会推荐法案的宪法性权力，因为唯总统有权“认为”何为“必要和适当”之事。

除紧急状态和战争情况外，早期的美国总统在立法过程中只扮演有限的角色；他的功能主要是执行国会所颁布的法律。华盛顿总统仅向国会提交过 3 份建议；杰斐逊总统虽更为积极地试图影响国会的工作，但总体上倾向于幕后操作，而非采取正式提交具体法律提案的办法。然而自 19 世纪下半叶开始，随着中央政府愈发深入地涉及经济，总统也试图愈发积极地影响国会的行动。一般认为，现代总统制度涉足立法过程的转折点，始于富兰克林 · D. 罗斯福总统传奇般的“百日”新政。1933 年 3 月 9 日，罗斯福就职后不久，便要求第 73 届国会召开特别会议；其后 100 天中，他向国会递交了近一打的立法草案，其中许多出自白宫之手，旨在帮助美国人民应对大萧条带来的严重经济后果。在民主党控制的国会中，罗斯福的许多提案未经正式听证——或者许多情况下，未经严格立法审查——便颁布生效。

虽然宪法仅要求总统在两种情形下发言，但经年以来，作为宪法补充的联邦法律已对总统作出规定，要求其向国会提交一系列财政及预算报告——其中首要的便是总统年度预算大纲和年度经济报告。1921 年《预算会计法案》(Budget and Accounting Act）规定的预算大纲，要求总统展示下一财年的税收和支出提案。此前的制度中，每个政府机构则是分别向国会要求拨款。这一里程碑式的立法为如今的联邦预算搭建了总体框架。在许多政治学学者看来，“现代总统制度——以机构性职责为标准——始于

[1] Alexander Hamilton, *The Federalist* No. 77, April 4, 1788, The Avalon Project (Lillian Goldman Law Library, Yale Law School, 2008).

沃伦 · G. 哈定总统于 1921 年 6 月 10 日签署的《预算会计法案》"[1]。1946 年 2 月 20 日，哈里 · 杜鲁门总统签署生效了 1946 年的《就业法》；该法指定由行政机构承担维护经济稳定的总体责任；其中一项责任便是，法案要求总统提供对国家经济的评估，以及提出下一财年经济计划的细节。不过，并非只有《预算会计法案》与《就业法》要求联邦政府向人民公开信息。依照法律规定，国会还要求近乎所有的联邦行政部门和独立机构，每年应编写和提交总计数千份报告，内容涵盖广泛的内政与外交议题。报告中绝大多数均向人民公开，以供其评议。多数报告被收入国会图书馆的《美国文件关键词》（"Popular Names of U.S. Documents"）出版物。

[1] James L. Sundquist, *The Decline and Resurgence of Congress* (Brookings Institution, Washington, D.C., 1981), p. 39.

第9章

行政特权：总统隐瞒信息的权力

所有的民族都已发现，为便于办事，这些程序中的某些部分……有必要仅限于自己的行政部门知道。在哪些内容的出版有利于公共利益方面，它……必须是唯一的裁决者。

——托马斯·杰斐逊，1807年6月17日

制宪会议代表们所采纳的政府形式，大体上区分出政府的行政和立法功能。然而，国父们并未将这一区分再进一步，使这两种分支足以完全自行其是。制衡机制（checks and balances）贯穿于整部宪法。政府某一分支被授予的宪法权力，通常对应着另一分支中被授予的抗衡之权。因此，总统虽被指定为三军总司令，但宣战之权——以及划拨战争所需经费的权力——却由国会保留。总统被授权签订条约，但条约须经参议院批准方可生效。国会被授予广泛的立法权，但执行法律却是总统的职责。依宪法第2条第2款第1项之规定，总统享有“对危害合众国的犯罪行为发布缓刑令和赦免令”的权力，这是总统可行使的唯一一项无须国会参与、无法被法院撤销的权力。

一套要求在行政机关与立法机关间分享权力的体系，势必也要求两者共享信息。若无信息共享，任一机关往往都无法履行其宪法职责。但尽管

信息的共享有如此重大且明显的必要性，宪法却几乎从未对此有过要求。它既未总体言及政府沟通，也未具体明示保密制度。确实，除国情咨文与推荐条款外，没有其他任何一条职责明确要求总统向国会提供信息，或依照国会请求提供行政机构掌握的信息或文件。国父们很可能认为，要预想国会向总统要求信息的众多可能情形，或者安排好总统一旦拒绝后所遵循的程序，实在过于困难。因此，国父们并未具体罗列诸多需要共享信息的情形，而是选择依靠宪法赋予各分支的实用的——常常也是政治的——动机，来发布或隐瞒信息。当存在可能阻断总统与国会间必要信息流动的争议时，国父们就算没有预见到，显然也希望这些动机（或者在需要时作为唯一驱动力）足以落实各种程序，化解一切争议。总统的行政特权与国会索要信息权之间的对抗，一直是自由信息流动的各类障碍中最受争议的一种。

国会对行政部门最重要的“制衡”之一，便是调查与监督后者的行动。然而，宪法并未明确授权国会调查行政部门，也未明确授权它获取行政部门手中的文件或其他信息。但若无这些权力，国会将无法监督行政部门的所作所为，无法确定当前项目的管理状况，也无法评估行政部门官员是否在按国会意图执行法律。许多时候，总统将得以随心所欲地秘密行事。因此，向行政部门索要信息的权力是一项隐含权力。正如美国最高法院将近100年前所发表的意见，“当一个立法机构对于其法律所欲影响或改变的状况，缺乏相关的信息时，它无法进行明智而有效的立法；而当立法机构本身不掌握所需的信息时——这种情况并不罕见——它便必须诉诸这些信息的掌握者”。“而经验告诉我们，如果单是要求这些信息，往往将会徒劳无果，”法院解释道，“于是为获取所需的信息，就有必要采用一些强制手段。”[1] 因此，调查的权力——以及与之相伴向行政部门索取信息的权力——是宪法制衡体系的主要部分。它对于确保政府的开放性而言，也是不可或缺的工具。

[1] *McGrain v. Daugherty*, 273 U.S. 135 (1927).

国会有向行政部门索要信息的权力，这就意味着相应的，行政部门一方也有提供相关信息的职责。然而这一职责并不绝对。当总统认定相关信息的公开将扰乱行政部门的运作或决策过程时，可以主张行政特权。与国会的调查权一样，总统的行政特权在宪法中也未有明文规定。这是一项隐含的权力，植根于宪法的分权理念以及总统在履行自身宪法职责时的首要地位。

历史上，总统隐瞒文件或其他信息的权力可分为两类：国事保密特权，涵盖军事、外交和国家安全秘密；通信特权，应用于总统与其顾问间的通信。本质上，这些特权使总统得以秘密行事。确实，国父们之所以最终设立单一行政长官，而非部分代表倾向的多头首长制，主要考虑之一便是单一首长行动时更能做到“保密、有力和果决”。尽管历史上这一特权频频被使用，但直至德怀特 · 艾森豪威尔总统时期，“行政特权”一词才正式成为政治语汇的一部分。

多年来，总统行政特权和国会索要信息之权的范围均有变迁。但正如现代政府治理的许多其他方面一样，行政特权的基础早在乔治 · 华盛顿总统时期便已奠定。早期有 3 个案例尤为重要：圣克莱尔之败（St. Clair's Defeat）、莫里斯事件（Morris Affair）和《杰伊条约》（Jay Treaty）。第 4 个案例是理查德 · 尼克松总统在司法程序中拒绝移交特定文件，这标志着行政特权的外部界限：即便总统也不能越过这一界限。

圣克莱尔之败

行政特权的主张最初是由乔治 · 华盛顿于 1792 年提出的。这一事件的发生，事关美国上一年 11 月所遭受的一场大败，当时国会向华盛顿的战争部部长亨利 · 诺克斯索要此事相关信息。令美国人大败而归的，是迈阿密与肖尼河谷的印第安人联盟，他们反对美国对西北领地的主权主张。而当时指挥美军的是领地总督、大陆军退役军官阿瑟·圣克莱尔（Arthus St. Clair）将军。他所指挥的 1400 人伤亡近半。[1]

整个国家和国会都对这次失败感到震惊。在简单讨论该事件应由众议院着手调查抑或由总统进行内部调查后，众议院于 2 月 2 日决定组成特别委员会，调查圣克莱尔之败的原因。发起这一调查的决定是史无前例的，正如南卡罗来纳州代表威廉·史密斯所言，这标志着“本院首次提出对行政当局直接控制下的官员进行行为调查”[2]。众议院的调查所隐含的问题是：如果行政部门有责任向立法部门提供信息，那么这种责任以何种程度为限?

1792 年 3 月 27 日，众议院成立委员会，指示其“调查圣克莱尔少将近期率部远征的败因”。为便于调查，委员会得到明确“授权，可以传召、索要为协助调查所必需的人员、文件和记录”[3]。3 月 30 日，委员会要求诺克斯向委员会递交他掌握的与圣克莱尔之败相关的所有文件。诺克斯立即致信华盛顿，向其寻求指示。

华盛顿应对重要政策问题时——尤其是关系到初次示范的问题——通常的做法是向各部首长索要书面意见。面对面的会议并不多见。然而这次事件中，华盛顿却召集全体内阁成员讨论众议院的请求。华盛顿意识到，他作为首任总统所做的决定将对未来的总统产生先例效应。正如他数年前曾对詹姆斯·麦迪逊写道，“一切都处在开始之时，我们将在自己的位置上创设先例，而我衷心希望这些先例能建立于正确的原则之上”[4]。

1792 年 3 月 31 日，华盛顿与内阁成员会面，与会者有国务卿托马

[1] 如人们后来所知，圣克莱尔之败是合众国军队在美洲原住民处尝到的最大败绩，伤亡远超 85 年后小大角（Little Big Horn）战役中的卡斯特之败（Custer's Defeat）。

[2] *Annals of Congress*, March 27, 1792 (Gales and Seaton, Washington, D.C., 1849), p. 492.

[3] *Annals of Congress*, March 27, 1792 (Gales and Seaton, Washington, D.C., 1849), p. 492.

[4] George Washington to James Madison, May 5, 1783; Mark J. Rozell, et al. eds., George *Washington and the Origins of the American Presidency* (Praeger Publishing, Westport, CT, 2000), p. 146.

斯·杰斐逊、财政部部长亚历山大·汉密尔顿、战争部部长亨利·诺克斯以及司法部部长埃德蒙·伦道夫。尽管会议未作记录，但杰斐逊在其私人笔记中写道："总统说，他之所以找我们咨询，只是因为这是首次出现的案例；既然它将成为先例，他便希望它得到正确的处理。"杰斐逊还记录道，华盛顿"并未承认众议院的做法正当，但也丝毫没有怀疑其正当性"。不过，华盛顿在认可国会调查权的同时，也预见到一种可能性，即"存在某些高度机密的文件，不应被交出"。[1] 华盛顿心中的问题是，自己作为总统，是否拥有合宪的权力，可以向国会及美国人民隐瞒信息。

第二次会议于 4 月 1 日举行，根据杰斐逊的记录，华盛顿总统与阁员在会上达成四点核心共识。"我们经过考虑一致认为：第一，众议院是公审庭，因而可以发起调查；第二，它一般可以索要文件；第三，行政当局应在符合公共利益的范围内递交文件，公开后将对公众造成损害的文件，应拒绝递交——结果便是，（各方）自由裁量；第四，众议院及其委员会均无权传唤政府的部门首长——部长个人及其文件仅受总统管辖——委员会应指示其主席向众议院提出知会总统的请求。"[2]

华盛顿最终决定配合国会调查，4 月 4 日，他命令诺克斯按众议院要求向其转交所有文件。华盛顿如此决定的基础是，他认为这些文件的公开不会损害国家利益。正如杰斐逊记录的那样："最终同意分别与委员会成员交谈，劝说他们采用正确的渠道。一致同意，此案中无任何不可妥善提交的文件。"[3] 虽然众议院获得了它所要的文件，但华盛顿已为总统对行政特权的使用奠定基础。短短 2 年后的 1794 年，华盛顿在面临国会又一次索要行政部门文件时，不得不再次考虑是否动用行政特权。

[1] John P. Foley, ed., *The Jefferson Cyclopedia* (Funk & Wagnals Company, New York, 1900), p. 179.

[2] John P. Foley, ed., *The Jefferson Cyclopedia* (Funk & Wagnals Company, New York, 1900), p. 179.

[3] Thomas Jefferson Randolph, ed., *Memoirs, Correspondence and Private Papers of Thomas Jefferson*, vol. iv (Henry Colburn and Richard Bentley, London, 1829), p. 476.

莫里斯事件

18 世纪 90 年代，美国人关于法国大革命合法性的政治讨论，不断加深着既有的政治分歧，美国许多政治领袖以亲法和亲英为界结成阵营。当时，英法两国正在法国大革命后的首次战争中兵戎相见。前国务卿托马斯·杰斐逊领导的亲法的民主共和党（Democratic-Republican Party），与法国大革命持有许多共同的共和理念；财政部部长亚历山大·汉密尔顿领导的联邦党，则以强烈的怀疑主义看待法国革命，并寻求与英国维系现存的商贸往来。

华盛顿第 2 任期中的 1794 年 1 月 24 日，参议院以 13 对 11 的票数通过一项决议，要求总统“向参议院提交美国驻法公使（古弗尼尔·莫里斯）与国务卿（埃德蒙·伦道夫）办公室之间的通信往来记录”[1]。参议院中许多人担心，作为被派往法国革命政权的外交代表，莫里斯保守、亲君主制的观点正在削弱他的履职效力。当时，莫里斯批评革命，并继续向法王路易十六献策——尽管法王实质上已大权旁落。

审核莫里斯的文件后，国务卿伦道夫向华盛顿汇报称，这些通信来往的内容“基本毫无出格之处”。虽说如此，伦道夫依然发现，莫里斯的通信中有数段文字假使公布出去，可能会显得“不太政治”。与 1792 年的做法一样，华盛顿向其内阁成员——战争部部长诺克斯、财政部部长汉密尔顿和国务卿伦道夫——寻求建议；会面于 1 月 28 日举行。尽管三位部长对总统向国会隐瞒信息的外部界限见解不同，但他们一致认为，华盛顿在此次事件中无须严格遵循参议院决议书——尤其是鉴于决议书中未加限定的宽泛范围。[2]

---

[1] *Annals of Congress*, January 24, 1794 (Gales and Seaton, Washington, D.C., 1855), p. 38. 一周前的 1 月 17 日，参议院通过一项提案，“指示”（direct）伦道夫国务卿提供相关文件。24 日呈递总统时，提案已经过修订。修正后，“指示”一词被替换为“要求”（request）。

[2] Harold C. Syrett, ed., “Opinion on Communicating to the Senate the Dispatches of Gouvenor Morris” (Jan. 28, 1794), *Papers of Alexander Hamilton* (Columbia University Press, New York, 1969), pp. 666–667.

最终，华盛顿总统接受阁员的建议，并于 1794 年 2 月 26 日向参议院提交其索要文件的副本；不过，文件中敏感部分已被修订。华盛顿在其传送信中解释道："在审验（莫里斯的通信）之后，我指示印出其副本并作翻译；那些在我看来为公共利益起见不应被传播的个别内容除外。"[1] 对于华盛顿这种有倾向性的回应，参议院未经激烈抗议便表示接受。确实，国务卿伦道夫向华盛顿报告称，总统对参议院请求的回应"似乎总体上令人满意"。伦道夫还报告称，有人听见众议员詹姆斯·麦迪逊在谈话中承认，在这类事件中，"总统的判断总是指路明灯"。[2] 在作出这一让步时，麦迪逊实际上认可了一种正逐渐扩大的共识，即"为公共利益起见"，总统有权向国会隐瞒信息。但至于何时总统可以正当地隐瞒被索要的信息，总统并未给出明文表述的确定标准，参议院也未作出要求。参议院还未言明，对于这些信息，自己可在何种限度内决定其公开与否。参议院索要莫里斯通信的事件，并非华盛顿总统与国会间的最后一次交锋。1796 年 3 月，众议院要求总统提供与广受争议的《杰伊条约》相关的全部文件。

《杰伊条约》

尽管美英间已停战十多年，但两国间的关系依然僵硬。有两件事源源不断地引发着摩擦：英国在美国的西北领地继续维持军事存在，以及英国

[1] "From George Washington to the United States Senate," February 26, 1794. *Founders Online* National Archives, www.founders.archive.gov/Washington [Original source: Christine Steinberg, ed., *The Papers of George Washington*, Presidential Series, vol. 15 (University of Virginia Press, Charlottesville, 2009), p. 284. 即便对于那些移交给参议院的文件，华盛顿也强调称："它们的性质表明，其作为机密被接收是合理的。"

[2] Edmund Randolph to George Washington, January 20, 1794. *Founders Online* National Archives, www.founders.archive.gov/Washington [Original source: Christine Steinberg, ed., *The Papers of George Washington*, Presidential Series, vol. 15 (University of Virginia Press, Charlottesville, 2009), pp. 92–94.

反复试图干涉美国的贸易与海运。为改善这些方面的关系，两国同意谈判解决争议问题。谈判的结果便是双方于 1794 年 11 月 19 日在伦敦签署的《杰伊条约》；1795 年 6 月 24 日，该条约由美国参议院批准。担任美国首席谈判代表的是最高法院首席大法官约翰·杰伊。

条约在美国并未受到欢迎。尽管条约的谈判是由华盛顿当局负责的，但即便华盛顿总统本人对此也不完全满意。“我对条约的考虑，”华盛顿说道，“现在和以前一样；也就是说，不赞成，但比起忍受原来的状况，还是批准为好。”参议院最终于 1795 年 6 月 24 日批准条约，但票数仅为 20 对 10，刚刚达到宪法对参议院批准条约所要求的三分之二多数。

条约的反对者声称，条约向英国让步过多。在众议院，条约的反对者企图使这一条约落空，他们宣称，虽然宪法将制定条约的主要职权交予总统和参议院，但众议院同样拥有“决定条约生效或拒绝批准条约的裁量权”。国会有权通过立税和征税来管理商业，对此众议院进一步推论道，如果仅凭总统和参议院便可缔结条约，那么实质上，在未经人民在众议院的代表批准——甚至参与——的情况下，他们便可立法。

纽约州众议员爱德华·利文斯顿（Edward Livingston）向众议院提交决议，要求华盛顿总统“向本院提交一份负责与英王谈判的公使（约翰·杰伊）所收指示的副本……以及与上述条约有关的通信来往和其他文件”[1]。利文斯顿之后了解到，有一些谈判内容“可能尚未完结，（因而公布与这些谈判有关的文件）会使行政部门难堪”。鉴于这些未完成的谈判，利文斯顿在其决议中增补一条：“上述文件中可能因当下正进行的谈判而不宜公开的，不在此列。”[2] 在莫里斯事件期间似乎已经认可总统行政特权的詹姆斯·麦迪逊，对众议院要求的合宪性提出质疑，并企图“弱化决议，使其在表面上不会侵犯行政部门的宪法权力”。麦迪逊提出的修正案

[1] *Annals of Congress,* March 2, 1796 (Gales and Seaton, Washington, D.C., 1855), pp. 400–401.

[2] *Annals of Congress,* March 7, 1796 (Gales and Seaton, Washington, D.C., 1855), pp. 424.

弱化了决议，允许“在总统看来，此时公布将不符合合众国利益的文件，不在此列”。麦迪逊的修正案以 37 对 47 的票数遭到否决。

反对《杰伊条约》的众议员，并非都赞同利文斯顿索要条约文件的做法。康涅狄格的尤赖亚 · 特雷西（Uriah Tracy）主张说，尽管“众议院固然有权向官员索要任何文件或声明——这些官员本就是根据众议院参与创制的法律所设立的——但它并无参与条约批准的功能”。“如果审视宪法，”特雷西说，“便会发现，制定条约的权力被授予总统；除总统外，这一权力仅以同意和建议的形式被授予参议院的三分之二多数——除此以外再无他人。”[1]1796 年 3 月 24 日，经过了两周多的辩论后，众议院通过了利文斯顿的提议，决定索要相关文件。

1796 年 3 月 30 日，华盛顿以书面形式告知众议院：“在此次事件的所有情况下，我的职责均不允许我遵从你们的要求。”华盛顿隐瞒相关信息的决定基于两点理由。第一，依照宪法规定，“订立条约的权力被排他性地授予总统，并须经过参议院的建议和同意，以三分之二的在场参议员同意为前提”。“再清楚不过，”华盛顿告诉众议院，“众议院的同意对条约的生效并非必要。”第二，华盛顿解释道：“外交谈判在本质上要求审慎和保密；即便已经达成结论，谈判中曾提出的方案、要求或者可能的让步如果完全被公开……在政治上是极其不妥的；因为这可能对未来的谈判造成恶劣影响……可能为对外关系带来危险，埋下隐患。”[2]

从严格意义上说，华盛顿向众议院隐瞒《杰伊条约》文件的决定，并非是在行使行政特权。该决定的主要根据是，宪法中没有授权众议院参与条约的制定。尽管国会可以向行政机关索要信息，但它这一做法的前提是，该信息对其履行特定的宪法职责不可或缺。若非为这种职责，总统便

[1] *Annals of Congress,* March 24, 1776 (Gales and Seaton, Washington, D.C., 1855), pp. 612–613.

[2] President George Washington Message to the House of Representatives of the United States, March 30, 1796. Online by John Wolley and Gerhard Peters, *The American Presidency Project*, www.presidency.ucsb.edu.

没有遵从其要求的义务。在此案中，正如华盛顿所指出的，“一切影响对英谈判的文件，在条约被送达参议院以供审议和建议时，便已一同提交了”。由于众议院并无参与条约的职能，它也无权索要这些文件。

关于如何回应华盛顿拒绝递交《杰伊条约》文件一事，众议院辩论许久。最终，众议院决定不采取任何实质性行动，而是通过了两项无约束力的决议，大体上旨在挽回颜面。这两项决议均由北卡罗来纳众议员托马斯·布朗特（Thomas Blount）于 4 月 6 日提出。[1] 布朗特的第一项决议承认，在参议院同意的情况下，总统有订立条约的权力，但依然主张：在执行条约中某些条款时，如果须依靠众议院采取行动——例如在此案中，提供执行条约所必要的资金——那么，众议院有权“审议该条约在执行时的得当与不妥之处，从而作出在其看来最有利于公共利益的决定和行动”。布朗特的第二项决议声明，当众议院向总统索要“可能与众议院的任一宪法职能”——例如拨款——相关的信息时，无须详细说明“为何需要这些信息，以及它们有何用途”。次日，即 4 月 7 日，两份决议均在众议院通过。4 月 14 日，即华盛顿向参议院提交《杰伊条约》的 6 周之后，众议院提出另一项决议，建议批准条约所需的拨款。在讨论过其他替代性决议后，众议院于 5 月 3 日通过向条约提供必要拨款的法案。[2]5 月 4 日，条约递送参议院。1796 年 5 月 6 日，条约成为法律。

合众国诉尼克松案

自 1792 年来，行政部门与国会关系中最有标志性的——尽管是间歇性的——特点，便是总统在面对国会要求时，拥有维护信息与文件机密性

[1] *Annals of Congress*, April 6, 1796 (Gales and Seaton, Washington, D.C., 1855), pp. 771–772.

[2] *Annals of Congress*, April 6, 1796 (Gales and Seaton, Washington, D.C., 1855), p. 1296.

的权力。这些部门间的争议，很少需要上诉到法院以求实质解决；绝大多数争议均通过政治谈判及和解得以解决。确实，直到 20 世纪 70 年代的水门案诉讼时，最高法院才首次确认：总统行政特权是宪法中总统职能的必要延伸。水门案中，理查德·尼克松总统——以行政特权为由——拒绝向事件特别检察官提供相关录音带和文件，具体涉及总统与助手和顾问的谈话。据称，这些录音带含有与其连任竞选相关的非法政治密谋，能揭露尼克松总统个人曾参与掩盖这些活动。1974 年 7 月 24 日，最高法院就此事发表观点。[1] 虽然法院认定总统的行政特权存在宪法基础——基础是"政府各部门在其被指定的宪法职责领域内享有的至高性"，以及权力分立原则——但对尼克松主张该特权的绝对性，法院则拒绝承认。

尼克松主张自己无须提供相关文件，这主要基于两点理由。第一，他首先提出，在总统为履行职责而与其他高级行政官员和顾问交谈时，为确保交流内容秘不外传，行政特权是必要的。法院承认保护这些通信内容的重要性，指出该特权所蕴含的这条原则"过于浅显，无须再作讨论"。"人类的经验表明，当人知道自己的讲话将公之于众时，他们的公正直率便会因为对自己形象和利益的顾虑而被削弱，从而不利于决策过程。"然而法院也指出，尽管法院将总统与其顾问的秘密通信权置于"极高的崇敬地位"，但它并非绝对之权："如果只是泛泛地、不加限定地宣称这些谈话的机密性有利于公共利益，那么在此基础上的特权便会与其他价值产生冲突。"因此，虽然在军事、外交或敏感的国家安全方面，保密属于行政特权的范畴，但法院"并不认为，在地区法院提供所有必要保护措施的情况下，仅仅由于（向法官一人）提供这些材料进行非公开（in camera）审查，便会严重侵害总统通信机密性这一极其重要的利益"。换言之，在行政特权的合法范围内，一位法官对相关文件所作的个人审查，不会损害任何文件的机密性。

尼克松总统所主张的第二条理由，依据的是分权原则。对此，总统

[1] *United States v. Richard M. Nixon*, 418 U.S. 683 (1974).

称，当行政部门“在其自身领域”内行事时，它的独立性是绝对的。然而在这一案件中，法庭认为尼克松是在试图使自己避免可能的刑事指控，而非在履行一项宪法职责或促进公共利益。“因此，虽然行政特权是总统的合法权力，但它并非一项绝对的权力。尤其在此案这种刑事程序中，由于为达成公正结果需要证据，因此，宪法中所隐含的权衡考量，更倾向于支持要求总统交出白宫录音带。”

在此前的案例中，总统以主张行政特权的方式，反对国会索要总统掌握下的文件，争议始终在行政和立法部门两者间展开。而在尼克松案中，对行政特权的争议产生于行政与司法部门之间。法院对此澄清道，当国会在履行其宪法职责时，行政特权不得被用以反对国会提出的合法信息请求；同样，这一特权也不能被用于阻碍司法部门履行职责。“司法部门的主要宪法职责是在刑事诉讼中伸张正义，而绝对的、不加限定的特权对这一职责所构成的阻碍，”法院写道，“将明显地与宪法第 3 条所规定的法院职责形成冲突。”因此，司法部门与立法机构同样有权从行政部门获取信息。虽然宪法将权力分散以确保自由，但宪法也认为，实践将使这些分散的权力统合为一个可运作的政府。它对各部门的要求不仅是分立，还有独立、自主和互助。法院以 8 票对 0 票否决尼克松的行政特权主张。

与其他许多宪法性权力一样，行政特权往往是权衡考量的对象。不可否认，总统与其顾问在讨论和履行宪法职责时需要保密；但国会和司法部门同样有自己的宪法职责，而且它们为履行自身职责，常常有必要从行政部门获取信息。因此，当各部门间产生争议时，行政特权的主张与其他部门执行自身宪法职责时对信息的需求，必须进行权衡。任何一方都没有绝对权力。

国会历史上曾有一些提案，要求对行政特权提出更清晰的法律定义。但为此目的提出的立法无一得到批准——可能今后也不会。然而正如国父们所希望的那样，迄今为止，因总统行政特权产生的争议，都通过政府三个部门的协商得以成功解决。

第10章

联邦记录与人民知情权

阳光，据说是最好的消毒剂；阳光是最高效的警察。

——大法官路易斯·布兰代斯（Louis D. Brandeis），1914年3月

公众获取政府行政部门记录的权利，是人民知情权的必要组成部分，尤其是鉴于行政部门在普通美国人的生活中扮演的角色愈发重要。确实，联邦政府每年要产生约17万立方米的文件。[1]这些文件捕捉到行政分支中许多部门和机构的第一手行动信息。因此，对于理解和监督行政部门的权力与运作而言，这些记录是十分重要的工具；它们也是削减政府隐秘性的重要工具。

罗斯福新政（New Deal）期间，联邦机构和项目的爆炸性增长，使得这些机构所发布的规范与条例数量也随之膨胀。20世纪30年代中，有十几家重要机构作为新政的一部分被创设出来，其中包括联邦通信委员会、证券交易委员会（Securities Exchange Commission）、国家劳工关系委员会（National Labor Relations Board）、社会安全保障署（Social

[1] James Gregory Bradsher, "An Administrative History of the Disposal of Federal Records," *Provenance, Journal of the Society of Georgia Archivists* 3, no. 2 (January, 1985), p. 17 n. 3.

Security Administration）和联邦存款保险公司（Federal Deposit Insurance Corporation）。各机构发布的规章缺乏统一的管理标准，各机构在执行各项规章方面又缺乏统一性，在国会甚至行政部门中，有许多人开始为此感到担忧。1939 年初，在罗斯福总统的指导下，司法部部长弗兰克 · 墨菲（Frank Murphy）建立了一个蓝丝带委员会（blue-ribbon committee），致力于研究一套适用于行政机关的程序。1941 年 1 月 29 日，委员会的最终报告提交至参议院。[1]

虽然墨菲委员会聚焦于机构管理，但它的另一个目标，则是减少围绕这些机构众多工作的保密性。这种保密性滋生了人们对整个行政过程天然的不信任。正如墨菲委员会在最终报告中所指出的："如果必要的信息必须用口头讨论或调查的方式才能得到，各方自然要抱怨'人治政府'；当公共规章在法规中未得到充分表述时，对于'不受限制的立法权让渡'，抱怨声便会高涨；如果决策程序勾画不清，便可料想人们会将其指控为'星室法庭'的程序。"[2] 委员会因而建议以出台法律的方式，要求机构公开其政策和政策解释，并且采取一些规则，确保机构文件进一步向公众公开。然而，由于第二次世界大战爆发，接踵而来的事务占据着国会的时间和注意力，委员会所建议采取的最终立法行动被推迟了。战争结束后，国会开始重新审议墨菲委员会的建议，并以一部《行政程序法》（Administrative Procedure Act）回应。1945 年 10 月 19 日，内华达州参议员帕特里克 · 麦卡伦（Patrick McCarran）向参议院提出该法；1946 年 6 月 11 日，哈里 · S. 杜鲁门总统签署法案，使之成为法律。

这部新法的第 3 款涉及公共信息，这在国会看来尤为重要。该法生效以前，公众没有合法途径获取行政机关的记录。如参议院司法委员会在报

[1] Attorney General's Comm. On Administrative Procedure, Report, "Administrative Procedure in Government Agencies," S. Doc. No. 8, 77th Cong. 1st Sess. 243 (1941).

[2] Attorney General's Comm. On Administrative Procedure, Report, "Administrative Procedure in Government Agencies," S. Doc. No. 8, 77th Cong. 1st Sess. 25 (1941).

告中所言，“本款（第3款）所依据的理论是，行政机关的行动与程序为公共财产，广大公众——而不只是一小群专家或说客——都有权利，或拥有现成的手段，对其进行清晰确凿的了解”[1]。众议院司法委员会作出相同结论，宣称“一切行政行动都应向公众公开，除非存在显然的保密需要，这应成为一项政策”[2]。

尽管国会希望政府的运作向人民公开，但在使这一意图转化为实际行动方面，《行政程序法》成效甚微。一大败因便是，法律中所规定的许多免于公开的例外情形。虽然该法要求联邦机构公开其组织运作和行政程序的详细信息，但只要事关“为公共利益起见需要保密的合众国职能”，一切材料均被设为例外。然而，参议院日后在审议《行政程序法》修正案时认为，“公共利益”一词，“一直被以各种彼此冲突的方式理解，时常带有个人偏见和偏好的色彩……许多时候，它还被用来破坏最初所希望达成的目标——公众对政府运作的知情权”[3]。而且，虽然该法规定了公开“官方文件中的事务”，但仅有与特定机构程序“有正当且直接关系的人员”，才被允许接触官方文件。而即便如此，文件也可“以认定的合适理由维持保密”。确实，基于认定的“合适理由”，某个机构的意见和指令也可向公众隐瞒，除非它们在将来的机构运作中被引为先例。公众、媒体，甚至一些国会议员，常常在向行政部门寻求信息时遭到断然拒绝。从许多方面看，这部新的《行政程序法》将官僚们设定为主宰，能决定自己是否要遵守该法。法案中所规定的例外情形变为普遍规则。尽管存在改革的必要，但真正的信息公开还要等到20年后国会通过《信息自由法案》（Freedom of Information Act）之时。

---

[1] Senate Comm. On the Judiciary, “Report on the Administrative Procedure Act,” S. Rep. No. 752, 79th Cong. 2d Sess. 17–18 (1946).

[2] House Comm. On the Judiciary, “Report on the Administrative Procedure Act,” H.R. Rep. No. 1980, 79th Cong., 2d Sess. 17–18 (1946).

[3] S. Rep. No. 88–1219, 88th Cong. 2d Sess., July 23, 1964, p. 3.

《信息自由法案》

民主要求责任政府，责任政府则要求透明。正如奥巴马总统2009年所言："在我们的民主中，《信息自由法案》通过透明促进责任政府；它最为杰出地表达了国家对于确保开放政府的庄严承诺。这一承诺的核心便是，责任政府的理念既符合政府的要求，也符合公民的利益。"[1]

《行政程序法》第3款未能规定获取政府文件的有效、可预期的方式，即便对直接受到某机构行动影响的人来说，这一点也是如此。这促使国会于1966年6月20日通过《信息自由法案》；该法案于7月4日由林登·约翰逊总统签署成为法律。然而，通向《信息自由法案》之路并不平坦。颁布之前，该法案在众议院已经历了11年多的调查、立法改进和审议，在参议院也耗时接近5年。

《信息自由法案》取代且大大扩张了《行政程序法》中的公共信息条款。国会的目标，是为公众获取联邦机构文件扫除障碍。与《行政程序法》不同，《信息自由法案》旨在成为一部立足于公开——而非隐瞒——的法律。然而，它并不适用于立法和司法机构，也不适用于州政府和地方政府。国会的文件不属于《信息自由法案》的范围，因为在国会看来，公众通过报纸、广播、电视报道和《国会记录》的发布，已对国会会议享有充分监督；司法部门也被免除在外，因为国会对联邦法院文件和法庭系统的总体公开程度感到满意。

《信息自由法案》常被认为是人民知情权的化身，体现了人民对政府活动及运作的了解。法案建立了一条法律预设，即公众拥有法定强制权，可获取联邦机构和部门所掌控的信息。在先前《行政程序法》的公共信息条款中，向联邦机构索要信息的人士通常要证明自己为何需要这些信息。然而在《信息自由法案》中，任何人——无论是个人还是企业——均有权

[1] President Barrack H. Obama, "Memorandum for the Heads of Departments and Agencies " (The White House, January 21, 2009).

审查已有的、可查的和未公布的机构文件。查阅者无须首先证明自己为何需要相关文件。不错，单是好奇就够了。

加利福尼亚萨克拉门托的民主党籍众议员约翰·E. 莫斯（John E. Moss），是《自由信息法案》的背后推动者兼主要起草者。在报纸编辑的游说鼓动下，也由于人们对扩大政府公开度的需求总体正在上升，莫斯的政府运作特别小组委员会（Special Subcommittee on Government Operations）于 1955 年举行一系列听证会，揭露出行政部门存在的许多过度保密的现象。莫斯起草了旨在降低保密程度的法案，但他未能在众议院的共和党议员中为法案寻求到足够支持——主要是由于共和党总统德怀特·艾森豪威尔的反对。

随着 1960 年和 1964 年约翰·F. 肯尼迪（John F. Kennedy）与林登·B. 约翰逊相继当选总统，国会中的共和党人不再受到来自白宫的压力，因而对莫斯的法案越来越持开放态度——特别是其中 30 岁的伊利诺伊州共和党籍参议员唐纳德·H. 拉姆斯菲尔德（Donald H. Rumsfeld）。拉姆斯菲尔德被指派到莫斯的委员会，并很快成为莫斯《信息自由法案》的共同发起人。拉姆斯菲尔德真心诚意地支持该法案的目标："经过多年推延之后，此次一致行动之所以产生，是由于联邦政府的规模和复杂性日益增长，由于它在我们生活中愈发重要，也由于人们越来越意识到，与人民命运息息相关的重要文件若被政府保密，将带来什么威胁……政府对新闻进行管治、对人民有权获取的公共信息横行禁止，这种势头如果不断发展，问题最终将被带回国内民众身上……"[1]

参议员莫斯以为，现在民主党总统在位，他的《信息自由法案》便会得到白宫支持。然而事后发现，与艾森豪威尔总统相比，约翰逊总统并没有更支持公众获取政府信息的权利。白宫未就反对莫斯法案的理由给出具体解释；但很可能只是因为政治现实如此：没有总统——无论何党何派——会希望向媒体和大众公开其政府的内部事务及错误。不论原因如

[1] Quoted in *Arizona Republic* (June 27, 1966).

何，总之白宫不打算支持。在拉姆斯菲尔德眼中，约翰逊政府“对新闻进行管治、对人民有权获取的公共信息横行压制的势头不断持续”[1]，他对此尤为谴责。由于坚称“我不会同意任何向行政特权授予法律承认的说法”[2]，莫斯与白宫的关系雪上加霜。

莫斯委员会的听证会上，27家联邦机构和部门出席作证；它们全数表示反对法案。约翰逊政府的主要证人是司法部助理部长诺伯特·A. 施里尔（Norbert A. Schliel），他明确表示自己反对创立一部国家信息自由法，并告诉委员会：“这个问题过于宏大，过于变化无常，无法得出任何结论。”尽管施里尔官方上承认确实存在缺乏透明度的情况，但他未对莫斯的《信息自由法案》提出任何替代方案；他甚至暗示法案一旦通过，总统或将行使否决权。莫斯的不懈坚持——以及拉姆斯菲尔德和其他人的持续努力——使法案成功地争取到更多共和党人的支持。众议院共和党人的加入，加上公众对更开放政府的兴趣日益增加，最终使《信息自由法案》于1966年6月20日获得通过。约翰逊总统在得克萨斯的自家农场度假时，将《信息自由法案》签署为法律——但他对签署毫无热情。他惯常要在公开签署法案时送出自己的签字笔，但却拒绝为签署《信息自由法案》举办正式仪式。确实，约翰逊收到关于法案签署的备忘录后，在底端写下：“没有仪式，L。”[3]

约翰逊总统从始至终坚决反对这部新法，据说他曾对自己的助理比利·唐·（“比尔”·）莫伊斯（Billy Don “Bill” Moyers）说，《信息自由法案》会“毁了我的政府”。然而，政治上老谋深算的他在1966年7月4日的签署宣言中，掩盖了自己的真实想法，宣称：“当人民享有国家安全所允许其享有的一切信息时，民主便能运作到极致。”他又说：“对于那些揭露出去不会伤及公众利益的决定，没有人可以为其披上保密的外衣。”但

[1] Thomas Blanton, ed., *Freedom of Information at 40*, July 4, 2006, The National Security Archive (George Washington University, Washington, D.C.).

[2] “White House Opposition Stalls Information Bill,” *Washington Star*, August 9, 1965.

[3] Memorandum of Robert Kitner, June 24, 1966 (The White House).

约翰逊也强调："同时，国家的福祉和个人的权利，可能要求某些文件不被公开。"也许是为回应《信息自由法案》中缺少认可总统行政特权的条款，约翰逊表明了自己的立场："总统在国家利益要求下可以依宪施行保密，这一法案绝不意味着削弱这一权力。"[1]

虽然《公共信息法案》建立了公众获取行政机关文件的合法权利，但在不同总统治下，法案的落实状况也不尽相同。领袖的声威依旧如影随形。一些总统对《信息自由法案》的各项要求采取严格解释，另一些则对条款作更自由化的解读。虽然人们普遍认为，罗纳德·里根（Ronald Reagan）总统在当选前和当选后都拥护有限政府，但他对《信息自由法案》的总体态度却是限制性的，他以相关信息属于政策决定为由，拒绝交出可豁免于《信息自由法案》的材料。里根的政策标志着，相较于之前的福特政府与卡特政府时期，《信息自由法案》的执行方式已发生转变。在里根政府之前，各机构总体上倾向于尽可能多公布信息——即使某些案例中的相关信息属于《信息自由法案》的可豁免情形。而在里根政府之后，老布什政府的司法部曾建议联邦机构，"在作出公开文件的决定时，对组织、商业和个人的隐私利益"给予"充分且审慎的考量"；司法部向各机构保证称，将在法庭中为各机构的决定辩护，"除非它们缺少合理的法律依据，或者不当地危及其他机构保护各自重要文件的能力"。[2] 事实上，里根的政策一直延续，直至 1993 年，克林顿总统开始采取一种更倾向于公开的政策。奥巴马政府也实行亲公开的政策，指示联邦机构"采取有利于公开的设定"[3]。

---

[1] Lyndon B. Johnson, Statement by the President Upon Signing the "Freedom of Information Act," July 4, 1966 (San Antonia, Texas); Online by Gerhard Peters and John T. Woolley, *The American Presidency Project*, www.presidency.ucsb.edu.

[2] Memorandum from Attorney General John Ashcroft for Heads of Federal Departments and Agencies: Freedom of Information Act, October 12, 2001, at www.doi.gov/foia/foia. pdf.

[3] Memorandum from President Barack Obama for Heads of Executive Departments and Agencies: Freedom of Information Act, January 2, 2009 at www.whitehouse.gov/ the_press_office/Freedom of Information Act/.

虽然《信息自由法案》对规范联邦政府的行政过程十分重要，但应该说，除了行政过程外，选举过程可能也从法案中受益。确实，在6年后（1972年）的一份案例判决中，第二巡回上诉法院认为，“《信息自由法案》的最终目的是使公众得以掌握足够的信息，从而能够通过选举过程，对联邦政府活动的性质、范围及程序作出知情且明智的选择”[1]。《信息自由法案》是保密制度的一剂解药。

《信息自由法案》在美国发挥效力已有50年；法案的要求适用于约100个联邦机构。每个人——不论公民与否——均能以零成本或极低的成本迫使政府交出联邦文件。任何索要信息的人向机构提交申请后，通常都有权获得相关信息，除非公开该信息将损害国家安全、侵犯个人隐私或泄露商业交易秘密。《信息自由法案》亦为其公开政策备有司法强制手段。美国地区法院有权重新审查拒绝公开文件的行为，也可命令机构撤销不当的拒绝行为。在此类案件中，机构若拒绝提供相关文件，须证明自己的行为如何“具体地”符合法案中的某条例外情形。

2014年，各类机构共收到70多万份申请；司法部部长提交的政府数据显示，该年，政府对近65万份申请作出回应，其中包括之前年份提出的申请。在约40%的申请案中，申请者得到了索要的信息；而在其余案例中，相关材料或是受到删改，或是完全不予公布。[2] 即便如此，《信息自由法案》依然是对美国人民知情权最为清晰的法律表述。

《总统文件法》

总统文件（presidential records）是指总统、副总统及其直属人员产生的文件材料。1978年《总统文件法》（Presidential Records Act）通过前，

[1] *Frankel v. SEC*, 460 F.2d 813, 816 (2d Cir. 1972), *cert. denied* 93 S. Ct. 125 (1972).

[2] PBS Newsletter, “The RUNDOWN,” Ted Bridis, Associated Press (March 18, 2015).

公众对总统每日活动的了解，基本仅限于总统愿意公开的内容。虽然总统在位期间产生了海量文件，但在法案通过前，总统辖下行政部门产生的文件，全部处于总统的掌控之下——不仅总统在位期间如此，任期结束后依然如此。总统文件本质上是总统的个人财产，他可于离任时自行决定是否转移、公开或销毁。因此，这些文件及其内容的秘密程度，取决于总统愿保密到何种程度。尼克松总统的文件是这条规则的唯一例外。鉴于尼克松辞任时的特殊环境以及总统自行处置自己文件的广泛权力，国会颁布了一条适用于——也仅适用于——尼克松总统文件的特殊法律：1974 年《总统记录与资料保存法》(Presidential Recordings and Materials Preservation Act)。[1] 该法案由威斯康星州参议员盖洛德 · 纳尔逊（Gaylord Nelson）于 1974 年 9 月 18 日提出。12 月 9 日，法案在两院同时通过；1974 年 12 月 19 日，杰拉尔德 · 福特（Gerald Ford）总统签署法案，使之成为法律。该法案的直接目的，在于防止尼克松销毁总统文件。法案指示联邦总务署（General Services Administration）署长“完全掌管并控制”几乎所有文件，“包括上一任政府（尼克松政府）时期白宫中产生的录音带”。署长还被要求制订规章，以规范公众获取尼克松录音带及其他材料的途径，同时应充分认识到这一举措的目标，是向公众提供水门事件期间关于政府权力滥用的“全部事实”。

后水门时期，与尼克松总统文件相关的争议余波不断；1978 年《总统文件法》出台。法案建立了一项原则，即总统文件是公有而非个人的文件，应在总体上公开接受民众的检验。由于《总统文件法》的存在，总统文件现由美国人民——而非总统——拥有、持有和控制。不过，总统的“个人文件”不包含在内；“个人文件”是指“完全私密或非公共性的，与总统执行宪法、法律或其他官方性、仪式性职责无关或对其无影响的”文件和档案材料。“个人文件”通常包括日记、日志、其他私人笔记、与私人政治团体相关的材料，或仅与该总统竞选上任有关的材料。罗纳

[1]　88 Stat. 1695, 44 U.S.C.§2111.

德·里根总统的文件成为《总统文件法》的首个适用对象。

虽然《总统文件法》允许公众获取总统文件，但这一规定只在总统离任后生效。总统在任时，可对自己的总统文件行使近乎完全的控制。在任期中，总统通常被允许销毁那些不再具有行政、历史、资料或证据价值的文件。总统离任后的 5 年内，他的文件总体上可免于公开——包括免于回应基于《信息自由法案》提出的申请。此后 7 年中，任何人均可通过《信息自由法案》要求查阅总统文件——但也有几类例外，包括被以恰当方式保密的国家安全信息、总统与其顾问间的加密通信，以及披露后将对个人隐私造成不当侵害的信息。到总统离任的 12 年后，《总统文件法》的例外情形便不再适用，总统与其顾问间的通信不再享受自动豁免。然而，豁免到期，并不意味着要公开总统的秘密通信。《总统文件法》明确规定，"本法的任何部分均不应被理解为，对任何在位总统或前总统可能享有的合宪特权，进行确认、限制或扩展"[1]。即便在 12 年后，在总统文件公布前，前总统与现总统仍可对其进行审阅，以决定就总统与顾问间的秘密通信，是否提出行政特权主张。[2]

《总统文件法》的颁布并不意味着公众无法查阅 1978 年之前的总统文件。自赫伯特·胡佛（1929 年至 1933 年在位）开始，许多前总统的文件被捐献给联邦政府，现在大多可从各家总统图书馆获取。1955 年《总统图书馆法》[3] 使这一做法变为制度，并授权国家档案馆馆长接收总统文件的捐献。通过相互关联的 13 家总统图书馆，这些记录可向公众开放；负责管理这些图书馆的，是国家档案和记录管理局（National Archives and Records Administration）下属的总统图书馆办公室。2014 年 1 月，巴拉克·奥巴马总统图书馆——总统图书馆系统中的第 14 家——启动官方募资。该馆将建在芝加哥，预计于 2020 年开放。

[1] 44 U.S.C.§2204(c)(2).

[2] President Barack Obama, Executive Order 13489, Sec. 2(a) (January 21, 2009).

[3] 69 Stat. 695, 44 U.S.C.§2112.

第11章

安全分级

公众有权尽可能多地了解政府的活动。分级制度只应被用于保护合法的国家安全秘密，而绝不能用来掩盖错误和不当活动。

——吉米·卡特（Jimmy Carter）总统，1978年6月29日

有些类型的信息——比如国家核武器发射密码——必须受到保护，不能向公众公开；即便是人民知情权最热忱的拥护者，也不会挑剔这一说法。与此同理，即便那些最坚决支持强化政府文件保护的人，也不会宣称白宫食堂的午餐菜单——打个比方——应被归为安全分级中的限制级。一直以来，直至今天，我们面临的挑战始终在于判定：何种信息应被保密，何种不应保密。

分级制度的历史沿革

在美国保密史早期的大部分时间中，中央政府主要关心的，是保护与军事和外交事务相关的一小部分信息。但事实上，当时并不存在什么正式程序，用来决定何种信息将被保护以及如何保护。独立战争期间，乔

治·华盛顿将军与其他高级军官，以逐案判断的方式确定需保护的信息，并尝试在公报或其他含有相关信息的文件上简单注明“机密”（Secret）和“秘密”（Confidential）字样，以对其进行保护。这些术语在使用时采用的是日常含义，旨在告诉文件的接收者：文件含有秘密信息，不应被泄露。在1812年战争和内战中，这种非正式的军事信息保护系统依旧沿用。

内战期间，对敏感信息的控制似乎大体上仅存在于实行军管的战区。尽管如此，规则也并非一贯。记者常能以相对容易的方式取得军事秘密，但有时又要严格遵照保密措施。在几起案例中，报社甚至被联邦军军官查封或没收。[1] 然而在多数情况下，公众获取战争新闻的手段并未受到限制。有一次，林肯总统曾就如何处理敏感信息的问题指示一位联邦军将领：“你不得逮捕任何个人或压制任何集会和报社，除非他们有可能对你所掌管的军队造成明显损害；其他任何情况下，你都不得以任何形式干涉意见的传播，也不得允许他人以武力对之进行干涉。在此方面，你行事要极为审慎、冷静和克制。”[2] 虽然林肯总统本人偶尔也授权审查一些邮件，或压制报纸的一些言论，但有关内战进展的多数消息——不论好坏——对公众而言依然是唾手可得的。确实，林肯在第二次就职演说中便提到，人民总体上能够不受阻碍地接收战况信息：“我方军队的进展是其他一切事务的关键；对此，公众所知的，与我所知的一样多。”[3]

在19世纪余下的几十年中，直至一战结束，政府大体上一直沿用内战期间采取的安全分级（security classification）办法。然而随着二战爆发，信息分级明显增多；也是在二战期间，政府开始将科学技术信息归入秘密。政府制定出更多的正式分级流程，对需要保护的信息种类和需遵循的具体保护程序作出规定。

---

[1] J.R. Wiggins, *Freedom or Secrecy*, rev. ed. (Oxford University Press, New York, 1964), p. 95.

[2] J.G. Randall, *Constitutional Problems Under Lincoln,* rev. ed., Peter Smith (Gloucester, Massachusetts, 1963), p. 508.

[3] Abraham Lincoln, Second Inaugural Address (March 4, 1865). Online by John Wolley and Gerhard Peters, *The American Presidency Project*, www.presidency.ucsb.edu.

二战后，国家安全信息对公众的开放程度时有消长。有时，它受到某总统治下政府理念倾向的影响，而有些时候，国际事件也影响着联邦政府对敏感信息的保护程度。多数情况下，信息向公众的传播同时受到这两种因素的影响。然而，不论开放程度如何消长，政府文件分级体系（classification system）大体上始终在稳步发展。首要的原因是，二战中及二战后，联邦政府的规模得到史无前例的扩大；其次则是，冷战增加了对保密制度的需求。近些年美国本土持续遭受的恐怖主义威胁，又将信息分级制度带上新的台阶。

总统的主导角色

虽然国会偶尔也颁布法令，规定美国安全分级政策的范围及方向，但行政部门——通过发布总统行政令——才是制定和执行分级政策的主角。总统发布行政令的权力有三类来源：法定权力（经国会批准的权力）、宪定权力（如总统作为三军总司令的职能）和固有权力（行政首长身份内含的权力）。总统对固有权力的主张是三种权力中最广受争议的，因为它更少受到制衡力量的约束——如果说还受些许约束的话。法定及宪定向公众扣留信息的权力，来源于行政部门之外，因而更多地受到外部控制。涉及国防信息保护的总统行政令，曾在不同时期分别行使过这三种权力。

现行的分级体系，可追溯至富兰克林·罗斯福于1940年3月22日签发的8381号行政令。在此之前，事关国防的敏感信息，是由军事人员依照陆海军的一系列一般命令执行分级的。[1] 但一战前的事态发展促使国会

[1] 1869年4月12日陆军副官处发布的“一般命令第35号”，是最早的此类命令之一。该令规定“占领常规要塞的部队司令官……严禁在未经战争部批准的情况下，对上述内容进行拍照或其他观察”。Arvin S. Quist, Oakridge Classification Associates (Oak Ridge, TN, 2020), p. 19.

颁布法律，要求总统“出于国防利益考虑”，指明“有哪些陆海军设施极为重要，与之相关的信息不得对外公布”。[1]

在许多方面，罗斯福的行政令采纳了19世纪所实行的分级办法，只是简单地以成文形式进行了规定。该行政令宽泛地定义了每一类需分级的军事信息，并以重要性递减的顺序列明三类安全分级：机密（Secret）、秘密（Confidential）和限制（Restricted）。该令的分级规定涉及范围甚广，不仅适用于军事设施，而且——历史上首次——适用于“任何参与、研发或制造军事设备的商业机构”。例如，曼哈顿计划的信息，就是按照8381号行政令被定密的。

二战结束、冷战开始后，哈里·杜鲁门总统发布了两份行政令，以扩大和增强总统对定密程序的控制力。第一份是10104号行政令，于1950年2月1日签发。该令虽然取代了罗斯福的8381号行政令，但沿用了大多数的实质性条款。主要的变化在于增添了第四项安全密级——绝密（Top Secret）——从而使美国的安全分级制度与其北约盟友保持一致。短短18个月后的1951年9月24日，杜鲁门总统又签发一则新的行政令——10290号。这项行政令对美国的安全分级政策作出重大调整。首先，杜鲁门未将国会立法作为自己签发指令的权力来源，而仅依靠“宪法与法律授予我作为合众国总统的权力”。这样，总统制订官方保密政策的权力基础，便不只是“使（国会所颁布的）法律得到切实执行”的法定义务，还包括他本身所固有的作为国家总统和军队总司令的宪法地位。加入了这两条额外的权威来源，总统便可在特定领域中采取主动，而无须国会授权。国会虽然从未明确允许以行政令处理信息分级问题，但曾多次默许这种做法，包括在《信息自由法案》中规定，依据行政令被归为秘密的文件可免于公开。[2] 其次，自美国分级体系创立以来便一直作为标准的“国防”一词，被替换为更宽泛灵活的“国家安全”——这一标准不仅包括国防（依其历史含义论），而且还潜在地包括其他考虑因素。最后，杜鲁门

[1] 52 18 U.S.C.§795 *et seq*.

[2] Freedom of Information Act, 5 U.S.C.§552(b)(1).

的行政令不仅适用于“政府行政分支的一切部门和机关”，也同样适用于“与联邦政府有事务往来的（公民个人和公司）”。

杜鲁门的行政令授予总统和行政部门官员信息分级的实质性裁量权，这受到媒体和公众的广泛批评。许多批评者将该行政令视为一种无端的审查制度，和平时期尤为如此。一些与国家安全毫无关系的联邦机构——例如战争纪念碑委员会（Battle Monuments Commission）、美术委员会（Commission on Fine Arts）和印第安人申诉委员会（Indian Claims Commission）——也被授权对信息定密。允许总统以“国家安全”为新标准开展信息分级的做法，遭到格外尖锐的批评。自独立战争伊始，“国防”一词的含义和意图便为人们所普遍理解；但新的“国家安全”标准则缺乏历史上的定义，因而解读方式迥异。同样招来批评的，还有行政令将原子武器和裂变物质的生产或使用信息定为秘密。抨击者认为这些过于模糊，是在鼓励过度加密。

1956 年德怀特 · 艾森豪威尔当选总统后不久，国务卿查尔斯 · 威尔逊（Charles Wilson）便指示对国防部的分级政策及程序进行研究。开展该研究的，是成立于 1956 年 8 月中旬的涉密信息委员会（Committee on Classified Information），由国防部前助理部长查尔斯 · 柯立芝（Charles Coolidge）担任领导。3 个月后的 1956 年 11 月 8 日，柯立芝委员会发布了最终报告。委员会在报告中提及一项根本原则，即“作为民主政体，政府不应将其行动蒙上秘密的面纱；必须向公民提供有关政府活动的充分信息，否则政府的民主基础便会被侵蚀殆尽”[1]。但委员会同时指出：“我们的民主也可能以另一种方式被摧毁，即向潜在的敌人提供过多信息，使其得以通过战争征服我们。”柯立芝委员会面临的任务，便是在这两种对立目标间寻得妥当的平衡。

柯立芝委员会提交了 28 项具体建议，其中 10 项与官僚机构的过度保密倾向有关。委员会发现，将无害信息归为秘密，不仅会使人们对政府分

[1] Final Report of Committee on Classified Information (Nov. 8, 1956), U.S. Dept. of Defense.

级制度产生某种忽视，进而造成严重危险，还会事实上增加真正敏感信息的泄漏风险。“当许多本不应保密的事情也被列为秘密时，”报告总结道，“该体系得到的尊重便会减少，而且，为忠实遵守安全程序而花费的额外力气，便会显得不合情理。”[1]

鉴于杜鲁门总统 10290 号行政令所招致的广泛批评，艾森豪威尔总统亦指示司法部部长赫伯特·布劳内尔（Herbert Brownell）“进行一次研究，向（艾森豪威尔）就如何在不损害国防的同时促进信息流动提出建议”[2]。交给布劳内尔的具体任务是，制订一项新政策，使其一方面能以国防为名，保护特定种类的官方信息，另一方面避免对人民从政府处自由接收的信息开展审查，同时在这两种同样合法的需求间取得平衡。

随着冷战的降临和苏联对美窃密工作的持续，新分级政策如何设计，成为一项更加艰巨的挑战。人民历来认为，敏感军事信息的分级只在战争期间发挥特别作用；因此，战役的策略和计划一贯受到保护、免于公开。然而随着冷战打响，保护有关国家国防实力的敏感信息，成为一种长期必要。

美苏两国均投入大量资源用于招募、训练代理人和间谍，将他们派往世界的各个角落。两国间谍项目的主要目的，不光在于获取有关对方军事及技术能力的信息情报，同时还要了解对方的行动和意图。尽管不存在实际的军事对抗，但对信息的保护应与战时同等重要。

1953 年 11 月 6 日，美国联合报业总编辑协会于芝加哥召开会议。布劳内尔在会上发表讲话，批评由于杜鲁门的行政令，政府官员得以扣留多种信息，而这些信息若向公众开放，并不会危及国家安全。“现在有一种倾向，”布劳内尔说，“就是要沿用此前专制政府官员所采取的危险政策，通过不加区别地使用‘国家安全’一词，给许多历来向人民公开的事务罩上秘密的

[1] Final Report of Committee on Classified Information (Nov. 8, 1956), U.S. Dept. of Defense.

[2] *See* Cong. Rec. Senate, vol. 152, Pt. 15 (September 28, 2006), p. 20384.

面纱。”布劳内尔指责这一行政令还有另一个原因：由于它“允许对过多类型的文件进行分级，因而当政府雇员处理应保密的事务时，往往变得态度散漫”[1]。此外，布劳内尔还担心，杜鲁门的总统令“条文过宽，执行过松，会使政府把保护国家安全当借口，掩盖自己的错误乃至违法行为”。

1953 年 12 月 15 日，艾森豪威尔总统签发 10501 号行政令。新行政令明显收窄了杜鲁门行政令的范围。该令撤销了 28 个行政机构的定密权限（classification authority），将其他 17 个机构的权限集中到首长一人，并重新将“国防”设定为保密分级的适用标准。艾森豪威尔的这一行政令还取消了“限制”级这一分类，并根据信息暴露将会招致的损害程度，对其余三个密级作了更明确的定义：绝密（极其严重的危害）、机密（严重的危害）、秘密（对国家的国防利益有害）。但是，尽管在许多人看来，艾森豪威尔的行政令是一次积极的改革，它却几乎未能减少被不断归入秘密的材料数量。例如，美国劳工部就曾将陆军购买花生酱的统计数据列为秘密，理由是该信息将使敌人得以估测军事人员的数量。[2]

之后 5 位总统——肯尼迪、约翰逊、尼克松、福特和卡特——所签发的行政令，大体上沿袭艾森豪威尔总统 10501 号行政令的规定。然而在 1982 年 4 月，罗纳德·里根总统签发 12356 号行政令；里根的行政令拓宽了可定密材料的类别，从而使行政部门更有能力保护国家安全信息，避免其在未授权或不成熟时被公之于众。尽管这一行政令的公开目的是，在“不增加涉密信息数量”的情况下巩固国家安全，但它却在一些重要方面逆转了趋势，使得涉密联邦文件的数量逐渐减少。里根的行政令还要求将所有符合这些类别的信息归为秘密，并要求定密者在遇到任何有关定密的疑惑时偏向保密一方，直至疑问得到解决。定密官得到的操作指南是：“遇事不决，先弄清楚。”

[1] “Address by Herbert Brownell, Jr., Attorney of the United States,” Associated Press Managing Editors Association (Chicago, IL, Nov. 6, 1953).

[2] Kenneth D. Mayer, *With The Stroke Of A Pen* (Princeton University Press, 2001), p. 146.

里根行政令所作的另一项重大改变，便是取消了所谓的“平衡检验”（balancing test）。在吉米·卡特总统的12065号行政令下，负责决定是否解密（declassify）或公布涉密信息的官员，须“平衡”公开这些信息带来的公共利益和可能损害的国家安全。[1]1982年1月1日，里根政府的司法部发布了一则有关新行政令的概要。司法部在概要中承认，“平衡检验”可能是一项“值得赞许的原则”，但之所以要取消它，是因为“在行政令中纳入这项明确的要求，只会纵许其他人采纳自己的判断，代替行政部门官员凭专长和履职经验作出的判断。在法庭上，涉密信息应得到依法保护；但这种纵许会使这一任务变得严重复杂化，却不增添任何好处”。[2]

2009年1月奥巴马就职总统，不久后便下令对国家分级政策及程序展开评估。2009年5月27日，总统写道：“我的政府将致力于以史无前例的开放程度运作。当信息公开将损害美国公民隐私、国家安全或其他合法利益时，政府必须有能力防止其公开。除此以外，向人民负责的民主政府必须尽可能透明，绝不能因为私利或仅为避免尴尬就隐瞒信息。”[3]

2009年12月29日，奥巴马总统签发13526号行政令。[4]该令确认了保护真正敏感信息的必要性，但同时也试图取消倾向保密的成规，规定：“如果对信息保密的必要性存在重大疑问，那么它不应被保密。”[5]而如果有合适理由需对信息定密的话，行政令规定：“如果对保密应采用的合适密级存在重大疑问，它应被分入较低一级。”[6]

---

[1] President Jimmy Carter, Executive Order 12065, §3-303 (The White House, June 28, 1978).

[2] Department of Justice “Overview of Executive Order 12356,” FOIA Update, vol. III, no. 3 (January 1, 1982).

[3] President Barack H. Obama, “Memorandum of May 27, 2009—Classified Information and Controlled Unclassified Information,” 74 Federal Register 26277, June 1, 2009.

[4] President Barack H.Obama, Executive Order 13526 (The White House, December 29, 2009).

[5] President Barack H.Obama, Executive Order 13526,§1.1(b) (The White House, December 29, 2009).

[6] President Barack H.Obama, Executive Order 13526,§1.1(c) (The White House, December 29, 2009).

参考文献

官方会议记录（Records of Official Proceedings）

Annals of Congress, 1789–1824. Washington, D.C.: Gales & Seaton, 1834. Online:"A Century of Lawmaking for a New Nation: U.S. Congressional Documents and Debates,1774–1875."

The Congressional Globe, 1833–1873. Washington, D.C.: Blair & Rives. Online:"A Century of Lawmaking for a New Nation: U.S. Congressional Documents and Debates, 1774–1875."

Congressional Record. Washington, D.C. Online: http//www.congress.gov.

Elliot, Jonathan, ed. *Debates in the Several State Conventions on the Adoption of the Federal Constitution*. Washington, D.C., 1836. Online:"A Century of Lawmaking for a New Nation: U.S. Congressional Documents and Debates, 1774–1875."

Farrand, Max, ed. *The Records of the Federal Convention of 1787*. New Haven: Yale University Press 1911. Online:"A Century of Lawmaking for a New Nation: U.S. Congressional Documents and Debates, 1774–1875."

Journal of the House of Representatives, Executive Journal of the Senate, and Legislative Journal of the Senate. Washington, D.C. Online:"A Century of Lawmaking for a New Nation: U.S. Congressional Documents and Debates, 1774–1875."

Journals of the Continental Congress, 1774–1789. Washington, D.C.: GPO, 1904–1937. Online: HATHI TRUST Digital Library.

Register of Debates in Congress, 1825–1837. Washington, D.C.: Gales & Seaton, 1825–1837. Online: "A Century of Lawmaking for a New Nation: U.S. Congressional Documents and Debates, 1774–1875."

Rives, J., ed. *Abridgement of the Debates of Congress from 1789 to 1856*. New York: D. Appleton and Co., 1858. Online: HATHI TRUST Digital Library; archive.org/details/abridgmentofdebates.

Secret Journals of the Continental Congress. Boston: Thomas B. Wait, 1821. Online: HATHI Trust Digital Library; archive.org/details/secretjournals.

书籍和报刊（Books and Journals）

Abbot, William, ed. *The Papers of George Washington: Confederation Series 329*.

Charlottesville: University of Virginia Press, 1997.

Adams, Charles, ed. *The Works of John Adams*. Boston: Little, Brown and Co., 1856. Online: http://oll.libertyfund.org.

Adams, John. *Adams Family Papers: An Electronic Archive*. Massachusetts Historical Society. Online: http://www.masshist.org.

Adolphus, John. *The History of England from the Accession to the Decease of King George the Third*. London: A.E. Mallett, 1841.

Alexander, John. *The Selling of the Constitution: A History of News Coverage*. Madison: Madi son House, 1990.

Boyd, Julian B. *Anglo-American Union: Joseph Galloway's Plan to Preserve the British Empire, 1774–1778*. New York: Octagon Books, 1970.

Bradsher, James. *Provenance*."Journal of the Society of Georgia Archivists" vol. 2. no. 2. 1985. Online: http://digitalcommons.kennesaw.edu/provenance/vol3/iss2/.

Brown, Anthony, and Charles MacDonald, eds. *The Secret History of the Atomic Bomb*. New York: Dial Press, 1977.

Burnett, Edmund, ed. *Letters of Members of the Continental Congress*. Washington, D.C.: Carnegie Institute, 1921.

Burns, James. *Transforming Leadership*. New York: Grove Press, 2003.

Butterfield, L.H., ed. *The Papers, Diary, and Autobiography of John Adams*. Cambridge: Harvard University Press, 1961. Founders Online: National Archives: http://founders.archives.gov/documents/Adams

Byrd, Robert. *The Senate 1789–1989: Addresses on the History of the United States Senate*. Washington, D.C.: GPO, 1988.

Clayton, Joseph, ed."The American Lawyer." New York: Corporation Legal Manual Company, 1907.

Conway, Moncure. *Omitted Chapters of History Disclosed in the Life and Papers of Edmund Randolph*. New York: G.P. Putnam's Sons, 1889.

Cramnick, Isaac, ed. *The Portable Edmund Burke*. New York: Penguin Classics, 1999.

Cullen, Charles, ed. *The Papers of Thomas Jefferson*. Princeton: Princeton University Press, 1990.

Cushing, Harry, ed. *The Writings of Samuel Adams*. New York: G.P. Putnam's Sons, 1907.

Farrand, Max. *The Framing of the Constitution of the United States*. New Haven: Yale University Press, 1913.

Farrand, Max, ed. *The Fathers of the Constitution, a Chronicle of the Establishment of the Union*. New Haven: Yale University Press, 1921.

Federico, Joseph, and Matthew McHenry. *Galloway Township*. Charleston, SC: Arcadia Publishing, 2011.

Fisher, Louis. *Presidential Spending Power*. Princeton: Princeton University Press, 1975.

Fitzpatrick, John, ed. *The Writings of George Washington*. Washington, D.C.: GPO, 1933.

Foley, John, ed. *The Jefferson Cyclopedia*. New York: Funk & Wagnals Co., 1900.

Force, Peter. *American Archives, Fifth Series*. Washington, D.C.: M. St. Clair Clarke and Peter Force, 1848–1853.

Ford, Paul, ed. *The Works of Thomas Jefferson*. New York: G.P. Putnam's Sons, 1904.

Ford, Worthington, ed. *Some Papers Laid Before the Continental Congress*. Washington, D.C.: GPO, 1905.

Forman, S. *Political Activities of Philip Freneau*. Baltimore: Johns Hopkins University Press, 1902.

Franklin, Benjamin, and William T. Franklin ed. *Memoirs of the Life and Writings of Benjamin Franklin*. London: Printed for Henry Colburn, 1818.

Gay, Sidney, ed. *American Statesman: James Madison*. Boston: Houghton, Mifflin and Co., 1899.

Gilpin, Henry, ed. *The Papers of James Madison*. Washington, D.C.: Langtree & O'Sullivan, 1840.

Gordy, John. *A History of Political Parties in the United States*. New York: Henry Holt and Co., 1900.

Groves, Leslie. *It Can Now Be Told: The Story of the Manhattan Project*. New York: Da Capo Press, 1962.

Hall, John. *The Port Folio*. Philadelphia: Harrison Hall, 1824.

Hamilton, Alexander, et al."The Federalist Papers." The Avalon Project, Yale Law School. Online: http://avalon.law.yale.edu.

Hamilton, John, ed. *The Works of Alexander Hamilton*. New York: Charles S. Francis & Co., 1851.

Harley, Lewis. *The Life of Charles Thomson*. Philadelphia: George W. Jacobs and Company, 1900.

Hoffmann, Daniel. *Governmental Secrecy and the Founding Fathers: A Study in Constitutional Controls*. Westwood, CT: Greenwood Press, 1981.

Holmes, Jerry, ed. *Thomas Jefferson: A Chronology of His Thoughts*. Lanham, MD: Rowman & Littlefield, 2002.

Hudson, James, ed. *Supplement to Max Farrand's The Records of the Federal Constitution of 1787*. New Haven: Yale University Press, 1987.

Hunt, Gaillard, ed. *The Writings of James Madison*. New York: G.P. Putnam's Sons, 1904.

Irving, Washington. *The Life of George Washington*. New York: Cosimo Classics, 2005.

Jackaway, Gwenyth. *Media at War: Radio Challenges to the Newspapers*. Westport, CT: Praeger Publishers, 1995.

Jackson, Donald, and Dorothy Twohig, eds. *The Diaries of George Washington, July 1786–December 1789*. Charlottesville: University of Virginia Press, 1979.

John, Richard. *Spreading the News: The American Postal System From Franklin to Morse*. Cambridge: Harvard University Press, 1995.

Kaminski, John. *Secrecy and the Constitutional Convention*. Madison: University of Wisconsin Press, 2005.

Kaminski, John, and Gaspare Saladino, eds. *Commentaries on the Constitution, Public and Private*. Madison: State Historical Society of Wisconsin, 1981.

Kaminski, John, and Gaspare Saladino, eds. *The Documentary History of the Ratification of the Constitution*. Madison: State Historical Society of Wisconsin, 1995.

Kaminski, John, and Jill McCaughan, eds. *A Great and Good Man: George Washington in the Eyes of His Contemporaries*. Lanham, MD: Rowman & Littlefield, 1989.

Kidd, Thomas. *Patrick Henry: First Among Patriots*. New York: Basic Books, 2011.

King, Charles, ed. *The Life and Correspondence of Rufus King*. New York: G.P. Putnam's Sons, 1894.

Klarman, Michael, ed. *The Framers'Coup: The Making of the United States Constitution*. New York: Oxford University Press, 2016.

Langguth, A.J. *Patriots*. New York: Simon and Shuster, 1988.

Lieber, Francis. *On Civil Liberty and Self-Government*. Philadelphia: Lippincott, Grambo and Co., 1888.

Lloyd, Gordon, ed. *James Madison's Notes of Debates in the Federal Convention of 1787*. Ashland, OH: Ashbrook Center, Ashland University, 2014.

MacDonagh, Michael. *The Book of Parliament*. London: Isbister and Co., 1897.

Madison, James. *Notes on the Debate in the Federal Convention of 1787*, Galliard Hunt, ed. Oxford: Oxford University Press, 1920. The Avalon Project, Yale Law School. Online: http://avalon.law.yale.edu.

Marshall, John. *The Life of George Washington, Commander in Chief of the American Forces*. Philadelphia: C. P. Wayne, 1805.

Massey, William. *A History of England During the Reign of George the Third*. London: John W. Parker and Son, 1858.

Mattern, David, ed. *The Papers of James Madison*. Charlottesville: University of Virginia Press, 1991.

Mcclay, Edgar, ed. *Journal of William Mcclay*. New York: D. Appleton and Company, 1890.

McPherson, Elizabeth. *Quarterly Journal of Speech*. Vol. 28, Issue 2. 1948. Online: Taylor and Francis Online, 2009.

McRee, Griffith, ed. *Life and Correspondence of James Iredell*. New York: D. Appleton and Company, 1857.

Milkis, Sydney. *The American Presidency: Origins and Development*. Washington, D.C.: CQ Press, 2016.

Morton, Joseph. *Shapers of The Great Debate at The Constitutional Convention of 1787*. Westport, CT: Greenwood Press, 2006.

"The 9/11 Commission Report: Final Report of the National Commission on Terrorist Attacks Upon the United States." Washington, D.C.: GPO, 2004.

Palmer, William, ed. *Calendar of Virginia State Papers and Other Manuscripts*. Richmond: H.W. Flournoy, 1890.

Parsons, Lynn. *John Quincy Adams*. Lanham, MD: Rowman & Littlefield, 1998.

Peeks, George, ed. *The Political Writings of John Adams*. Indianapolis, IN: Hackett

Publishing, 2003.

Pfister, Jude. *Charting an American an American Republic: The Origins and Writing of the Federalist Papers*. Jefferson, NC: McFarland, 2016.

Pitt, William. *Celebrated Speeches of CHATAM, BURKE, AND ERSKINE*. Philadelphia: E.C. & J. Biddle, 1845. Online: HAITHI TRUST Digital Library.

Randolph, Thomas, ed. *Memoirs, Correspondence and Private Papers of Thomas Jefferson*. London: Henry Colburn and Richard Bentley, 1829.

Rozell, Mark, and William Pederson, eds. *George Washington and the Origins of the American Presidency*. Westport, CT: Praeger Publishing, 2000.

Rutland, Robert. *The Ordeal of the Constitution: The Antifederalists and the Ratification Struggles of 1777–1788*. Norman: University of Oklahoma Press, 1966.

Rutland, Robert, and Charles F. Hobson, eds. *The Papers of James Madison*. Charlottesville: University of Virginia Press, 1977.

Smith, Paul H., ed. *Letters of Delegates to Congress, 1774–1789*. Washington, D.C.: Library of Congress, 1976–2000. Online: http://www.loc.gov.

Sparks, Jared. *The North America Review* (Hilliard, Metcalf & Co., 1827).

Sparks, Jared. *The Writings of George Washington*. Boston: Russell, Odiorne and Metcalf, 1835.

Storing, Herbert, ed. *The Complete Anti-Federalist*. Chicago: University of Chicago Press, 1981.

Sundquist, James. *The Decline and Resurgence of Congress*. Washington, D.C.: Brookings Institution, 1981.

Swanstrom, Roy. *A Dissertation on the First Fourteen Years of the Upper Legislative Branch*. Washington, D.C.: GPO, 1988.

Swift, Elaine. *The Making of an American Senate: Reconstitutive Change in Congress, 1787–1841*. Ann Arbor: University of Michigan Press, 1996.

Syrett, Harold, ed. *Papers of Alexander Hamilton*. New York: Columbia University Press, 1969.

Tansill, Charles, ed. *Documents Illustrative of the Formation of the Union of the American States*. Washington, D.C.: GPO, 1927.

Toqueville, Alexis de. *Democracy in America*. London: Saunders and Otley, 1835.

Tyler, Lyon, ed. *William and Mary College Quarterly Historical Magazine*. Richmond, VA:Whitted & Shepperson, 1912.

Tyler, Moses. *Patrick Henry*. Boston: Houghton, Mifflin and Co., 1899.

Vile, John. *The Constitutional Convention of 1787: A Comprehensive Encyclopedia of America's Founding*. Santa Barbara, CA: ABC-CLIO, Inc., 2005.

Warren, Charles.*The Making of the Constitution*. Boston: Little, Brown & Co., 1937.

Wood, Gordon. *The Creation of the American Republic, 1776–1787*. Chapel Hill: University of North Carolina Press, 1969.

Worthington, R., ed. *Letters and Other Writings of James Madison*. New York: J.B. Lippincott and Co., Published by Order of Congress, 1884.

英汉对照表

A Plebeian	《一介庶民》
ABC	美国广播公司
Abraham Lincoln	亚伯拉罕 · 林肯
Acts of the Congress	《国会法案》
Administrative Procedure Act	《行政程序法》
Al Gore	阿尔 · 戈尔
Alben W. Barkley	阿尔本 · W. 巴克利
Albert Gallatin	艾伯特 · 加勒廷
Alexander Hamilton	亚历山大 · 汉密尔顿
Alexander Martin	亚历山大 · 马丁
Alexander White	亚历山大 · 怀特
Alexis de Tocqueville	亚历西斯 · 德 · 托克维尔
American Revolutionary War	美国独立战争
Andrew Jackson	安德鲁 · 杰克逊
Andrew Johnson	安德鲁 · 约翰逊
Annals of Congress	《国会纪事》
Appropriations Defense Subcommittee	国防拨款小组委员会
Armed Services Committee	军事委员会
Army Corps of Engineers	陆军工程兵团
Arthur Lee	阿瑟 · 李
Arthus St. Clair	阿瑟 · 圣克莱尔
Aurora	《曙光女神报》
balancing test	平衡检验
Barbary Pirate	巴巴里海盗
Battle Monuments Commission	战争纪念碑委员会
Battles of Lexington and Concord	列克星敦和康科德战役
Benjamin Franklin	本杰明 · 富兰克林
Benjamin Harrison	本杰明 · 哈里森
Benjamin Rush	本杰明 · 拉什
Beverly Randolph	贝弗利 · 伦道夫
Billy Don “Bill” Moyers	比利 · 唐 · (“比尔” ·) 莫伊斯
black budget	黑色预算
blue-ribbon committee	蓝丝带委员会
Board of War and Ordinance	战争与军械委员会
Bob Dole	鲍勃 · 多尔
“born classified” principle	“自始加密” 原则
Budget and Accounting Act	《预算会计法案》
Bureau of Rolls and Library of State Department	国务院卷册与图书管理局
Cable News Network，简称 CNN	美国有线电视新闻网
Caesar Rodney	西泽 · 罗德尼
Calvin Coolidge	卡尔文 · 柯立芝
Canadian Fisheries Treaty	《加拿大渔业条约》
Carpenter’s Hall	木匠厅
Charles Coolidge	查尔斯 · 柯立芝
Charles J. Ingersoll	查尔斯 · J. 英格索尔
Charles Pinckney	查尔斯 · 平克尼
Charles Wilson	查尔斯 · 威尔逊
checks and balances	制衡机制

classification authority	定密权限
classification system	分级体系
Clause Pepper	克劳斯 · 佩珀
Coercive Acts	《强制法案》
colonial governor	殖民地总督
Combined Statement of Receipts, Outlays and Balances	《收支平衡联合报告》
Commission on Fine Arts	美术委员会
Committee for Detecting and Defeating Conspiracies	阴谋探查与粉碎委员会
Committee for Foreign Affairs	外事委员会
committee of correspondence	通信委员会
Committee of Secret Correspondence	秘密通信委员会
Committee of Style and Arrangement	风格与整理委员会
Committee on Classified Information	涉密信息委员会
Committee on Foreign Relations	外交委员会
Common Sense	《常识》
Confederation Congress	邦联议会
Confidential	秘密
Congressional Globe	《国会全视角》
"Congressional Government"	《国会式政府》
Congressional Record	《国会记录》
Constitutional Convention	制宪会议
constitutional republic	宪制共和国
Continental Army	大陆军
contingency fund for the conduct of foreign intercourse	对外交往应急资金
council	参事会
C-SPAN	有线－卫星公共事务网络
David Daggett	戴维 · 达格特
David Humphreys	戴维 · 汉弗莱斯
David Sarnoff	戴维 · 萨尔诺夫

"Declaration and Resolves"	《权利宣言》
declassify	解密
Democracy in America	《论美国的民主》
Democratic-Republican Party	民主共和党
Dennis Hastert	丹尼斯 · 哈斯特尔特
Department of Treasury	财政部
Dissertation on the Canon and Feudal Law	《论教会法与封建法》
Documentary History of the Constitution of the United States of America, 1786–1870	《美利坚合众国宪法档案史（1786–1870）》
Donald H. Rumsfeld	唐纳德 · H. 拉姆斯菲尔德
DuMont network	杜蒙电视网
Dwight Eisenhower	德怀特 · 艾森豪威尔
Earl of Dartmouth	达特茅斯伯爵
Edmund Burke	埃德蒙 · 伯克
Edmund Pendleton	埃德蒙 · 彭德尔顿
Edmund Randolph	埃德蒙 · 伦道夫
Edward Carrington	爱德华 · 卡林顿
Edward Dering	爱德华 · 迪林
Edward Snowden	爱德华 · 斯诺登
Elbridge Gerry	埃尔布里奇 · 格里
Elmer Thomas	埃尔默 · 托马斯
Espionage Act	《间谍法》
Federal Communications Commission	联邦通信委员会
Federal Convention	联邦会议
Federal Deposit Insurance Corporation	联邦存款保险公司
First Continental Congress	第一次大陆会议
floor debate	会场辩论
Francis Blair	弗朗西斯 · 布莱尔
Francis Hopkinson	弗朗西斯 · 霍普金森
Francis Lieber	弗朗西斯 · 利伯
Frank Murphy	弗兰克 · 墨菲
franking privilege	免费邮递特权
Freedom of Information Act	《信息自由法案》

Fulton Lewis, Jr.	小富尔顿 · 刘易斯
Gazette of the United States	《合众国公报》
General Services Administration	联邦总务署
George Augustine Washington	乔治 · 奥古斯丁 · 华盛顿
George C. Marshall	乔治 · C. 马歇尔
George Clinton	乔治 · 克林顿
George Mason	乔治 · 梅森
George Read	乔治 · 里德
George Strothers	乔治 · 斯特罗瑟
George Washington	乔治 · 华盛顿
Gouverneur Morris	古弗尼尔 · 莫里斯
Grand Council	大议事会
Harry S. Truman	哈里 · S. 杜鲁门
Henry Knox	亨利 · 诺克斯
Henry Stimson	亨利 · 史汀生
Herbert Brownell	赫伯特 · 布劳内尔
Herbert Hoover	赫伯特 · 胡佛
Honoré-Gabriel Riqueti	奥诺雷 – 加百列 · 里克蒂
House of Representatives	众议院
Howard Baker	霍华德 · 贝克
Hugh Williamson	休 · 威廉姆森
Indian Claims Commission	印第安人申诉委员会
injunction of secrecy	保密强制令
Intelligence Authorization	《情报授权法》
Intermediate-Range Nuclear Force Missiles Treaty	《中导条约》
Isaac Pitman	伊萨克 · 皮特曼
James Alcorn	詹姆斯 · 奥尔康
James Bowdoin	詹姆斯 · 鲍登
James Gunn	詹姆斯 · 冈恩
James I. McKay	詹姆斯 · 麦凯
James Iredell	詹姆斯 · 艾尔德尔
James Jackson	詹姆斯 · 杰克逊
James K. Polk	詹姆斯 · K. 波尔克
James Madison	詹姆斯 · 麦迪逊
James Mathers	詹姆斯 · 马瑟斯
James McHenry	詹姆斯 · 麦克亨利
James Monroe	詹姆斯 · 门罗
James R. Clapper	詹姆斯 · R. 克拉珀
Jared Sparks	贾里德 · 斯帕克斯
Jay Treaty	《杰伊条约》
Jean Laffite	让 · 拉斐特
Jimmy Carter	吉米 · 卡特
John Adams	约翰 · 亚当斯
John Adolphus	约翰 · 阿道夫
John Boehner	约翰 · 博纳
John Coffee	约翰 · 科菲
John Cook Rives	约翰 · 库克 · 里夫斯
John Dickinson	约翰 · 迪金森
John E. Moss	约翰 · E. 莫斯
John F. Kennedy	约翰 · F. 肯尼迪
John Hancock	约翰 · 汉考克
John Jay	约翰 · 杰伊
John Lansing, Jr.	小约翰 · 兰辛
John Quincy Adams	约翰 · 昆西 · 亚当斯
John Rutledge	约翰 · 拉特利奇
John Tyler	约翰 · 泰勒
John W. McCormack	约翰 · W. 麦科马克
Joint Committee on the Organization of Congress	国会组织架构联合委员会
Joseph Gales	约瑟夫 · 盖尔斯
Joseph Galloway	约瑟夫 · 盖洛威
Joseph Stalin	约瑟夫 · 斯大林
Joseph W. Martin	约瑟夫 · W. 马丁
Judiciary Committee	司法委员会
legislative assembly	立法大会
Leslie Groves	莱斯利 · 格罗夫斯
Leverett Saltonstall	莱弗里特 · 索顿斯托尔
Life magazine	《生活》杂志
Louis D. Brandeis	路易斯 · D. 布兰代斯
Luther Martin	卢瑟 · 马丁
Lyndon B. Johnson	林登 · B. 约翰逊
Manhattan Project	曼哈顿计划
Maryland Gazette	《马里兰公报》

Massachusetts Sentinel	《马萨诸塞哨兵报》
Michael Leib	迈克尔 · 莱布
Millard Tydings	米勒德 · 泰丁斯
Mohawk Indians	莫霍克印第安人
Morris Affair	莫里斯事件
Mutual Radio	相互广播公司
Nancy Pelosi	南希 · 佩洛西
Nathan Dane	内森 · 戴恩
Nathaniel Gorham	纳撒尼尔 · 戈勒姆
National Archives	国家档案馆
National Archives and Records Administration	国家档案和记录管理局
National Commission on Terrorists Attacks Upon the United States	国家恐怖袭击事件委员会，常称为“9 · 11”委员会
National Gazette	《国民公报》
National Intelligence	《国家讯报》
National Intelligencer	《国民通讯员报》
National Labor Relations Board	国家劳工关系委员会
New Deal	新政
New York Daily Advertiser	《纽约每日广告商报》
New York Daily Gazette	《纽约每日公报》
Newt Gingrich	纽特 · 金里奇
Nicholas Gilman	尼古拉斯 · 吉尔曼
Noah Webster	诺厄 · 韦伯斯特
Norbert A. Schliel	诺伯特 · A. 施里尔
Notes of the Debates in the Federal Convention of 1787	《1787 年联邦会议辩论笔记》
“Observation”	《评论》
Office of Scientific Research and Development	科学研发办公室
Oliver Ellsworth	奥利弗 · 埃尔斯沃思
Paine Wingate	佩因 · 温盖特
Patrick Henry	帕特里克 · 亨利
Patrick McCarran	帕特里克 · 麦卡伦
Pennsylvania Herald	《宾夕法尼亚先锋报》
Pennsylvania Journal and Weekly Advertiser	《宾夕法尼亚新闻和广告周报》
Pennsylvania Packet	《宾夕法尼亚邮报》
Pennsylvania Packet and Daily Advertiser	《宾夕法尼亚邮报和每日广告商报》
Pennsylvania State House	宾夕法尼亚州议会
Peyton Randolph	培顿 · 伦道夫
Philip Freneau	菲利普 · 弗雷诺
Philip Livingston	菲利普 · 利文斯顿
Pierce Butler	皮尔斯 · 巴特勒
Pierre-Charles L’Enfant	皮埃尔－查尔斯 · 朗方
Poor Richard’s Almanack	《穷理查年鉴》
“Popular Names of U.S. Documents”	《美国文件关键词》
popular sovereignty	人民主权
Post Office Act	《邮政法案》
President General	总督统
Presidential Recordings and Materials Preservation Act	《总统记录与资料保存法》
presidential records	总统文件
Presidential Records Act	《总统文件法》
Recommendation Clause	推荐条款
Register of Debates in Congress	《国会辩论册记》
Restricted	限制
Richard Bland Lee	理查德 · 布兰德 · 李
Richard Henry Lee	理查德 · 亨利 · 李
Richard Nixon	理查德 · 尼克松
Richard Price	理查德 · 普赖斯
Richland Project	里奇兰项目
Robert C. Byrd	罗伯特 · C. 伯德
Robert Morris	罗伯特 · 莫里斯
Robert Yates	罗伯特 · 耶茨
Ronald Reagan	罗纳德 · 里根
Rufus King	鲁弗斯 · 金
Rules Committee	规则委员会
Russell Long	罗素 · 朗
Sam Ervin	山姆 · 欧文
Sam Rayburn	山姆 · 雷伯恩

Samuel Adams	塞缪尔 · 亚当斯
Samuel Bryan	塞缪尔 · 布赖恩
Samuel Chase	塞缪尔 · 蔡斯
Second Continental Congress	第二次大陆会议
Secret	机密
Secret Committee	秘密委员会
Securities Exchange Commission	证券交易委员会
security classification	安全分级
Select Committee on Intelligence	情报特别委员会
Select Committee on Presidential Campaign Activities	总统竞选活动特别调查委员会
senate	参议院
Shays' Rebellion	谢司起义
Silas Deane	塞拉斯 · 迪恩
Social Security Administration	社会安全保障署
Sons of Liberty	自由之子
Special Subcommittee on Government Operations	政府运作特别小组委员会
spontaneous uprisings	自发起义
St. Clair's Defeat	圣克莱尔之败
Stansfield Turner	斯坦斯菲尔德 · 特纳
Star Chamber	星室法庭
State of the Union Clause	联邦事态条款，即国情咨文条款
Statement and Account Clause	报告与账目条款
Statement of Continental Association	《大陆协定》
Stephen Higginson	斯蒂芬 · 希金森
Styles Bridges	斯泰尔斯 · 布里奇斯
Sunrise Speech	《日出讲话》
Tea Act	《茶税法》
The Daily Beast	《每日野兽》
The Federalist	《联邦党人文集》
The Washington Post	《华盛顿邮报》
Thomas (Tip) O'Neil	托马斯 ·（蒂普 · ）奥尼尔
Thomas Blount	托马斯 · 布朗特
Thomas Cushing, Jr.	小托马斯 · 库欣
Thomas Gage	托马斯 · 盖奇
Thomas Jefferson	托马斯 · 杰斐逊
Thomas Mifflin	托马斯 · 米夫林
Thomas Paine	托马斯 · 潘恩
Thomas Pickering	托马斯 · 皮克林
Thomas Scott	托马斯 · 斯科特
Top Secret	绝密
Treaty of Montefontaine	《莫尔特丰坦条约》
Treaty of Paris	《巴黎条约》
Uriah Tracy	尤赖亚 · 特雷西
Vannevar Bush	万尼瓦尔 · 布什
Vincent M. Brennan	文森特 · M. 布伦南
visitors' gallery	访客旁听区
Wallace H. White	华莱士 · H. 怀特
Warren G. Harding	沃伦 · G. 哈定
Washington Herald	《华盛顿先驱报》
William Blount	威廉 · 布朗特
William Branch Giles	威廉 · 布兰奇 · 贾尔斯
William Davis	威廉 · 戴维斯
William Few	威廉 · 菲尤
William Franklin	威廉 · 富兰克林
William Gordon	威廉 · 戈登
William Grayson	威廉 · 格雷森
William Henry Harrison	威廉 · 亨利 · 哈里森
William J. Clinton	威廉 · J. 克林顿（比尔 · 克林顿的全称）
William Jackson	威廉 · 杰克逊
William Maclay	威廉 · 麦克莱
William P. Massey	威廉 · P. 马西
William Pierce	威廉 · 皮尔斯
William Pitt	威廉 · 皮特
William Proxmire	威廉 · 普罗克斯迈尔
William Randolph Hearst	威廉 · 兰道夫 · 赫斯特
William Samuel Johnson	威廉姆 · 萨缪尔 · 约翰逊
William Seaton	威廉 · 西顿
Winston Churchill	温斯顿 · 丘吉尔
Woodrow Wilson	伍德罗 · 威尔逊

金城出版社

国家安全与保密参考书目

策划：朱策英

《美国政府保密史：制度的诞生与进化》 ［美］戴维 · 弗罗斯特 著

简介：本书论述了美国政府自建国前至今的保密史。作者以大陆会议、宪法制定、曼哈顿计划等各种历史事件为切入点，讲述了保密如何在维护美国国家安全中发挥重要作用，政府保密制度与文化怎样跟随历史不断演变。作者以独特的视角检视美国历史，填补了美国保密史方面的研究空白，颇有参考价值。

《突然袭击：被袭国的视角》 ［以］伊弗雷姆 · 卡姆 著

简介：本书系统分析了1939年以来的全球11个经典突袭案例，研究不同能力水平的被袭国行为，梳理致使一国遭受战略突袭的分析困难、判断偏见、组织障碍等。它告诉我们，突袭虽极难预防，但只要处理得当，并非完全不可避免。全书所涉的被袭国既有小国、弱国，也有大国、强国，具有典型的研究价值。它不仅从军事学、情报学角度进行探讨，还广泛引入心理学、组织行为学等思想，是研究战略突袭的经典之作。

《情报分析案例：结构化分析方法的应用》 ［美］萨拉 · 毕比 伦道夫 · 弗森 著

简介：作者精选出17个具备代表性的经典案例作为研究对象，涵盖外国情报、反情报、恐怖主义、国土安全、执法和决策等方面，指导情报分析人员如何运用结构化分析方法处理实际问题。本书是《情报分析心理学》和《情报分析：结构化分析方法》的姊妹篇，与《情报分析案例·实操版：结构化分析方法的应用》是配套用书。

《情报分析案例·实操版：结构化分析方法的应用》 ［美］萨拉 · 毕比 伦道夫 · 弗森 著

简介：本书是《情报分析案例：结构化分析方法的应用》的配套用书，采用情景化示范的方式，论证了结构化分析方法的实际应用，为情报分析及其他行业的决策者和管理者提供有效的工作指南。

《情报分析：结构化分析方法》 ［美］小理查兹 · J. 霍耶尔 伦道夫 · 弗森 著

简介：本书采用结构化分析方法的新理念，将55种情报分析方法分成8大类，不仅阐述每一种分析方法本身的内容，还指出其适用场景、增加的价值、具体的操作步骤、需要关注的潜在缺陷、与其他方法的关系及该方法的起源等，可有效地帮助分析人员处理情报工作中的问题，避免陷入认知偏见和直觉陷阱，提升情报用户的预测和决策能力。本书是情报分析的三大黄金标杆教科书之一，也是全球情报界经典培训教材，书中介绍的实用分析工具还广泛应用于学术界、商界、执法界、财政界和医学界等。

《情报研究与分析入门》 ［美］杰罗姆 · 克劳泽 原著 ［美］简 · 戈德曼 改编

简介：本书全面探讨了情报研究与分析的各个阶段，重点讨论了情报研究的规范程序和适用的分析方法工具、模型，优秀情报分析人员的必备特质，以及如何提升情报产品的质量。这部国防情报学经典力作，享誉业界40载，堪称美国情报培训的“红宝书”，是情报研究与分析入门必备教材。它既适合国家安全、情报工作的从业者学习，也可供相关研究人士参阅。

《二战后的美国对外政策》　[美]史蒂文·胡克　约翰·斯帕尼尔　著

简介：本书是国际研究协会（ISA）外交政策分会前会长的扛鼎力作，堪称美国外交政策研究的经典。作者将美国置于全球背景下，系统讲述了1945年二战结束后该国对外战略的重大发展与变化，深刻剖析了其外交政策的决策机制，提示了其对外战略的形成过程与规律。通过本书，读者可以了解美国对外政策的根源和复杂性，深入理解其对外战略的全景图。全书涵盖了美国的对外政策变迁史、外交案例分析、全球争霸史、国际反恐发展史等等内容。

《谁来监管泄密者？：国家安全与新闻自由的冲突》　[美]盖里·罗斯　著

简介：2010年“维基揭秘事件”，2013年“斯诺登泄密事件”……据统计，近年媒体泄密在所有未授权信息泄露中比例最高，对国家安全和利益影响也最甚。通过美国政府历史上重大的泄密案例和事件，作者探讨了未授权信息泄露背后的动机、代价、法律困境和解决之道，以期望提醒全美情报系统：对手是如何获取美国情报的，对手获得情报后会取得怎样的优势。本书内容具有较强的时代性，在互联网信息时代普及国家安全意识的目的十分明显，对我国相关读者同样具备较强的借鉴意义。

《情报术：间谍大师杜勒斯论情报的搜集处理》　[美]艾伦·杜勒斯　著

简介：本书作者以第一人称的视角展开，着重阐述了情报的实用技巧——情报如何搜集和处理，以及形成的结果怎样为制定国家政策服务。本书是“间谍大师”、中情局任期最长局长、美国现代情报系统缔造者杜勒斯的收官之作。凭借美国战略情报局与中情局的独特任职优势，作者娴熟地将情报学知识、亲身经历和各种间谍事件与趣闻轶事有机融为一体，具备极高的可读性。

《骗中骗：克格勃与中情局的无声战争》　[美]爱德华·爱泼斯坦　著

简介：本书以美国反间谍头目詹姆斯·安格尔顿之死为缘起，追踪了苏联从建国伊始到冷战末期“欺骗对手”的各种行动，以及美国是如何应对和接招的。通过中情局与克格勃在情报与反情报上的较量，作者向读者呈现了一场看不见硝烟的战争。本书是西方反情报代表作，既可作为饭后茶余之消遣，亦能当作国家安全研究的重要资料。

《全民监控：大数据时代的安全与隐私困境》　[英]约翰·帕克　著

简介：阿桑奇、斯诺登等的接连爆料警示我们，“全民监控”的时代已经来临。为了获得全方位的监控能力，西方国家利用闭路系统、窃听设备、身份识别技术、定位追踪装置等随时随地监视民众。全书涉及国家安全、信息安全、个人隐私等问题，为人们敲响了监控无处不在的警钟。本书案例丰富、数据翔实、语言生动，是读者迅速掌握隐私与信息安全知识的必读之作。

《网络战：信息空间攻防历史、案例与未来》　[美]保罗·沙克瑞恩　等著

简介：通过梳理各种经典案例，本书系统探讨了网络战历史、现实和未来。以跨学科的研究方法，作者有机融合理论与实例，涵盖了从个人、组织机构到国家的网络安全问题，细致阐述了网络空间的生存之道。全书语言生动，通俗易懂，既可供信息技术与军事人士研读，也是普通读者的必读佳作。

《秘密情报与公共政策：保密、民主和决策》　［美］帕特·霍尔特　著

简介：本书围绕保密与民主这一核心，重点探讨了国家安全情报怎样为国家政策服务，以及政策实施过程中如何通过公共控制机制等对公众进行保密或公开，以及如何进行监督管理。全书讲述了美国安全情报的起源与演变，介绍了与国家安全政策制定相关的四大情报活动，穿插了一些情报利用、误用、滥用等的经典案例，并展望了情报和政策两者的未来关系。

《国家安全与情报政策研究：美国安全体系的起源、思维和架构》

［美］伯特·查普曼　著

简介：本书总结和收集了大量以美国为主的世界各国国家安全政策资料，既有公开的政府管理机构文件和网络资源，也有解密的安全政策文件，还有对独立组织与智囊机构研究文章、专著和期刊的评介。作者重点介绍了美国国家安全思想和架构的起源和发展历程，以及作为其国家安全基石的情报政策的历史变迁，还涉及其他一些国家和地区的相关内容。本书具有极强的资料性和实用性，是一部研究国家安全历史和知识的重要案头书。

《恐怖主义如何终结：恐怖活动的衰退与消亡》　［美］奥德丽·克罗宁　著

简介：了解恐怖运动如何被铲除或消灭的规律和历史经验，有助于加速终结恐怖组织，同时减少不必要的恐惧与过度反应。通过精心研究各种恐怖组织，本书总结出终结恐怖组织的六种模式，分别系统、深入地加以论述，辅以大量实际数据、案例研究和图表作支撑。本书极具历史性、实践性和经典性，论证严谨，是反恐领域的一部不可多得的标杆性读物。

《21 世纪犯罪情报：公共安全从业者指南》　［美］理查德·赖特　等主编

简介：本书全面、系统、深入地介绍了以美国为主的西方国家犯罪情报工作的过去、现在和未来，论述了犯罪情报工作的思想、流程、方法、工具和实践。全书内容丰富、逻辑清晰、史料翔实、案例适用。在理论上，它揭示了犯罪情报工作的基本规律；在实践上，它提供了犯罪情报工作的方法工具。

《数据与监控：信息安全的隐形之战》　［美］布鲁斯·施奈尔　著

简介：在西方世界，大量的个人数据会被政府和企业监控，用于分析与控制人们；政治自由与公平、商业公平与平等，甚至隐私以及安全等都因监控岌岌可危。本书对政府、企业和民众分别给出切实可行的建议，探讨如何才能有效应对监控，保护信息安全和隐私。作者被誉为信息领域的“安全教父”。

《金融情报学》　王幸平　著

简介：冷战结束以来，金融博弈变成世界大国较量的重要手段，金融安全已是国家安全体系的重要部分。金融市场中，大至国家政府，小到金融机构，要掌握主动、赢得先机，高质量的金融情报就不可或缺。由此，金融情报学应运而生。本书探讨了金融情报的概念，金融情报的搜集、撰写和分析，金融情报人员的定位，金融情报机构与金融决策机构的关系，以及金融反情报等等。全书思想丰沛，案例多样，构建了一套专业情报学框架，对金融理论创新和国家安全研究均有参考价值。